Sie erlebten den ersten großen Ansturm von Flüchtlingen in der Notunterkunft Sarstedt bei Hildesheim. Als Ehrenamtliche bildeten sie das „KIT" – Kriseninterventionsteam. Annegret Schirmer, pensionierte Realschullehrerin, geprüfte Heilpraktikerin für Psychotherapie und ausgebildete Supervisorin, kümmerte sich vor allem in Einzelgesprächen um Probleme der Flüchtlinge. Dr. Kurt-Peter Schirmer, Diplom-Volkswirt und ehemaliger selbständiger Unternehmer, spezialisierte sich auf die freiwillige Rückkehr von Flüchtlingen in ihr Heimatland. Er schrieb alles auf und aus diesem „Tagebuch" können sie viele Geschichten erzählen …

Titelbild:
„Die rote Mappe"

Kurt-Peter
und   Schirmer
Annegret

Habibi
Flüchtlinge

© 2018 Kurt-Peter und Annegret Schirmer

Verlag: tradition GmbH, Hamburg

ISBN
Paperback   978-3-7469-8737-8
Hardcover   978-3-7469-8738-5
e-Book   978-3-7469-8739-2

Inhalt

„Habibi"

… ist ein Zauberwort, das uns ständig begleitet hat.

„Habibi"
ist ein arabischer Name,
heißt wörtlich übersetzt „mein Geliebter",
wird auch als Synonym für „Liebling" oder „Freund" gebraucht,
ist eine liebevolle Begrüßungs- und Abschiedsformel,
wird oft mit einer herzlichen Umarmung verbunden.

„Habibi"
bedeutet im persönlichen Umgang viel mehr:
„Habibi"
löst die Spannung,
öffnet die Herzen,
bewirkt ein Lächeln auf der Gegenseite,
schafft Vertrauen,
ist Ausdruck und Auslöser beiderseitiger Wertschätzung.

Auf dem Postweg verloren

Wie wird aus einem Sterbebegleiter ein Flüchtlingshelfer?

Am Freitag, dem 2. Oktober 2015 gegen 10:00 Uhr werden wir von unserem Hospizverein angerufen. Wir haben im Juni eine Ausbildung zur Sterbebegleitung abgeschlossen und seitdem bereits einige Menschen in ihrer letzten Lebensphase begleitet. Unser Koordinator berichtet von einem dringenden Hilferuf aus Sarstedt. Er habe schon neun Ehrenamtliche in Sarstedt angerufen, keiner sei zu erreichen. Wir erklären uns bereit und er wird konkret:

Der Einsatzleiter der neuen Flüchtlings-Notunterkunft habe angerufen: Ein 17jähriger Afghane sei total aufgelöst, weil seine Mutter im Sterben liege. Deshalb werde dringend hospizlicher Beistand angefordert. Die Flüchtlingsunterkunft liege in der Helperder Straße 1 – im Industriegebiet von Sarstedt. Der Pförtner wisse Bescheid."

Wir überlegen kurz. Wenn die Mutter eine afghanische Frau ist, dann wird sie vielleicht keinen „fremden" Mann bei sich dulden. Deshalb wird es besser sein, wenn wir beide – Mann und Frau – gleich zusammen fahren. Eine Viertelstunde später sind wir unterwegs.

Wir werden schon erwartet und sofort eingelassen. Der erste Eindruck von der „Notunterkunft": Es ist eine riesengroße Lagerhalle, auf der
rechten Seite werden Holzgestelle und -regale aus-
geräumt und aufgetürmt. Auf dem Freigelände
sehen wir viele Flüchtlinge, einzeln und in Gruppen. Kleine Kinder fahren auf Scootern, größere
spielen Fußball. Auf einer langen Bank sitzen viele
Männer nebeneinander – alle mit Handy in der
Hand. Auf der rechten Seite stehen zwei große
Busse – leer. Zwischen den Flüchtlingen agieren
sehr geschäftig Männer in neongelben Westen –
Security-Mitarbeiter – und in neonorangenen Westen – offenbar Dolmetscher, unter ihnen auch einige Frauen. Wir fragen uns zum Einsatzleiter durch.
Jeder im Lager scheint den Fall zu kennen und uns
zu erwarten. Der Einsatzleiter ist ein junger Mann.
Er wirkt sehr souverän, dabei ruhig, gelassen und
vermittelt den Eindruck, als habe er alles im Griff.
Sein Namensschild weist ihn als Johanniter „Ret-
tungsassistent" aus. Er bestätigt, dass er beim
Hospizverein angerufen und um Hilfe gebeten
habe. Er ruft einen Helfer, der uns führen soll. Wir
folgen ihm an den Bussen vorbei zum linken Teil
der großen Halle, mehrere Stufen hinauf zum Vor-
raum der Sanitätsstation. Dort wartet der Junge:
Etwas dunkelhäutig, braune Augen mit buschigen
Augenbrauen, krauses schwarzes Haar und Drei-
Tage-Bart, weißes kurzärmeliges T-Shirt, kurze
Hosen, barfuß und mit Flip Flops wie fast alle

Flüchtlinge hier. Bei ihm ist ein junger Dolmetscher, ohne orangene Weste. Er dolmetscht Englisch: Arabisch. Aber seine „Übersetzungen" sind wesentlich länger als die tatsächlichen Fragen und Antworten. Wir haben das Gefühl, er interpretiert und gestaltet die gesprochenen Worte auf seine eigene Weise, für beide Seiten. Unterdessen kommen immer mehr neue Flüchtlinge, die im Vorraum auf ihre Erstaufnahme warten. Wir werden hinaus gebeten und setzen auf dem Flur unser „Gespräch" fort.

Es ergibt sich allmählich folgendes Bild: Er ist kein 17jähriger Afghane, sondern ein 21jähriger Iraker. Seine Mutter ist nicht hier, sondern im Irak. Sie ist schwer krank und liegt angeblich im Sterben. Deshalb will er zurück nach Hause. Er war 23 Tage auf der Flucht, im Boot, mit einem Freund zusammen, der unterwegs ums Leben gekommen ist. Zu Hause ist noch ein alter Vater, der ihn jetzt zurückbeordert. – Vaters Wille ist für die Kinder offenbar „Gesetz". – Eine ältere Schwester und ein jüngerer Bruder sind ebenfalls im Irak geblieben. Er ist also ganz allein geflohen. Er besitzt noch seinen irakischen „Personalausweis" und zeigt ihn. Sein Pass? In der Türkei … Er hält ständig Kontakt mit seiner Familie im Irak. Er zieht sein Handy aus der Hosentasche und stellt die Verbindung her. Es meldet sich seine „todkranke" Mutter, die aber, soweit wir das mitbekommen, noch einen ganz munteren Eindruck macht. Am Ende hören wir „Habibi"…

Während des ganzen Gesprächs zittert er und ist in Tränen aufgelöst. Wenn er nicht zurück könne, wolle er sich umbringen – so sagt er. Ist das nun eine echte Drohung oder Erpressungspotenzial, um schneller sein Ziel zu erreichen? Anne versucht ihn aufzurichten. Das gelingt ihr auch halbwegs, zumindest beruhigt er sich allmählich. Wir äußern vorsichtig unser Unverständnis: Die ganzen Strapazen der Flucht … der Verlust seines Freundes … endlich in Deutschland angekommen … und nun soll das alles nichts mehr gelten … will er wirklich zurück in sein Heimatland? Jetzt übersetzt der Dolmetscher knapper, anscheinend direkter, ohne seine eigenen Gedanken. Die endgültige Antwort kommt bestimmt und ohne Zögern:

„Ja, ich will zurück!"

Wir gehen zum Einsatzleiter und erkundigen uns. Ja, grundsätzlich wäre das möglich, er bekäme ein Ticket für den Rückflug, das wisse er von Rosdorf, einer anderen Flüchtlingsunterkunft der Johanniter, dort wäre das schon praktiziert worden. Wir überlegen gemeinsam unsere weitere Vorgehensweise. Anne ist überzeugt, ihn treibe vor allem Heimweh, die sterbende Mutter sei nur vorgeschoben. Wir einigen uns auf den Vorschlag, ihm zwei Tage Bedenkzeit zu geben – als Bedingung und letzten Versuch. Wenn er dann immer noch zurück will, dann wird der Rückflug in die

Wege geleitet, aber auch dafür benötigen wir einige Tage Zeit.

Wir gehen zurück und nehmen jetzt eine Dolmetscherin in orangener Helferweste mit, die sich anbietet, Deutsch und Arabisch spricht und einen sehr „patenten" Eindruck macht. Wir werden schon erwartet. Der Zimmernachbar ist nun auch dabei. Er will ebenfalls zurück in den Irak. Vielleicht können die beiden sich gegenseitig helfen, wieder aufbauen oder zusammen fliegen. Mit Hilfe der „neuen" Dolmetscherin erklären wir noch einmal genau, worum es geht. Vor allem machen wir ihnen klar, dass sie – erst einmal zurück im Irak – nicht einfach wieder nach Deutschland einreisen könnten. Er hatte im ersten Gespräch erwähnt, dass sein Vater bereit wäre, ihm die Flucht zum zweiten Mal zu finanzieren. Wir bitten sie, sich alles reiflich zu überlegen und geben dafür Bedenkzeit bis Sonntagmittag 12:00 Uhr.

Wir berichten der Einsatzleitung und bieten weiterhin unsere Dienste an. Wir weisen auch auf unsere Teilnahme an einer Fachtagung kommenden Montag hin: „Findet die Psychiatrie den richtigen Weg" mit einem speziellen Arbeitskreis: „An den Grenzen der Verständigungsmöglichkeit: Traumatisierte Flüchtlinge ohne deutsche Sprachkenntnisse". Dann rufen wir beim Hospizverein an und erklären das Missverständnis. Aus ehrenamtlicher Sterbebegleitung ist nun ehrenamtliche Flüchtlingsarbeit geworden.

Am Sonntag kurz vor 12:00 Uhr sind wir im Camp. Eine Gruppe junger Männer wartet schon. Sie wirken entschlossen. Die Bedenkzeit war wohl überflüssig. Sie hat nicht zu einem Sinneswandel geführt. Ganz im Gegenteil: Die mögliche Rückkehr scheint ansteckend zu wirken. Nun sind es schon Drei, die fest dazu entschlossen sind. Heute ist wieder der Dolmetscher vom ersten Tag dabei. Er ist Syrer, ein Journalist, wie er uns erzählt. Er selbst denkt nicht an eine Rückkehr und will ein Buch über seine Flucht schreiben. Den drei Irakern sagen wir zu, dass wir uns nunmehr intensiv um ihre Rückkehr kümmern werden.

Wieder zu Hause versuche ich telefonisch eine zuständige Behörde ausfindig zu machen. Aber heute ist Sonntag. Immerhin bringe ich nach mehreren Kontakten mit Wach- und Bereitschaftsdiensten in Erfahrung, dass die Landesaufnahmebehörde Braunschweig in diesem Fall am ehesten weiterhelfen könnte.

Montagmorgen, noch vor Beginn der Fachtagung, erreiche ich in Braunschweig einen Sachbearbeiter, der sich sehr kooperativ zeigt. Seine erste Frage: „Sind das Kurden aus dem Nordirak? Das geht gar nicht!" Ansonsten müsste von der Einsatzleitung in Sarstedt ein schriftlicher Antrag mit eventuell vorhandenen Personal-Dokumenten gestellt werden. Dann würden sie sich von Braunschweig aus um alles Weitere kümmern.

Auf der Fachtagung erfahren wir von Experten, dass derzeit Dauer und Perspektivlosigkeit des Asylverfahrens gravierender sind als Posttraumatische Belastungsstörungen durch Krieg oder Flucht, dass riesengroße Erwartungen auf eine ernüchternde Realität treffen und Schock auslösen, dass über diese Enttäuschungen oft gar nicht in die Heimat berichtet wird, dass in manchen Kulturkreisen über familieninterne Probleme grundsätzlich nicht gesprochen wird, dass alle möglichen Krankheiten einschließlich psychischer Erkrankungen vorgeschoben werden, um eine drohende Abschiebung zu verhindern und dass eine psychische Behandlung unsinnig ist, solange der Aufenthaltsstatus nicht geklärt ist.

Am nächsten Tag fahren wir wieder nach Sarstedt. Wir müssen die Ausweise kopieren und mit dem Antrag zusammen nach Braunschweig schicken. Doch unsere Hauptperson ist heute gar nicht da, er ist nach Hannover gefahren. Wir sagen den beiden anderen, dass er morgen unbedingt mit seinem Ausweis zur Verfügung stehen müsse. Heute lernen wir einen neuen Dolmetscher aus Syrien kennen. Er zeigt uns auf seinem Handy drei IS-Kämpfer in militärisch martialischer Positur. Einer hält in seiner rechten Hand an langen schwarzen Haaren den enthaupteten Kopf einer Frau, ein anderer trägt den typischen langen Salafisten-Bart. Daneben sind in direkter Gegenüberstellung die gleichen Männer abgebildet, diesmal in Zivil in Deutschland. Er erklärt, dass diese Männer der Polizei bekannt seien, aber keiner kümmere sich darum.

Die Landesaufnahmebehörde Braunschweig benennt einen neuen Kollegen, der sich speziell mit Rückkehrern in den Irak befasst und nun unsere Fälle bearbeiten soll. Ich rufe ihn an. Er ist sehr freundlich am Telefon und erklärt, dass er zunächst die Unterlagen von der Einsatzleitung per E-Mail übermittelt haben möchte. Dann will er am Donnerstag, dem 15. Oktober mit unseren drei Irakern zur Botschaft nach Berlin fahren, um ihre Rückreise zu regeln. Dazu müssten sie sich morgens pünktlich um 6:00 Uhr „an der grünen Bushaltestelle" in der Landesaufnahmebehörde Braunschweig zur Abfahrt einfinden oder zur Sicherheit am Nachmittag vorher anreisen und dort im Camp übernachten. Anschließend müssten sie noch einige Tage in Sarstedt auf ihren Rückflug nach Bagdad warten.

Am Nachmittag werden wir im Camp schon wieder sehnsüchtig erwartet. Wir brauchen nur auf das Gelände zu kommen, dann werden wir umringt und sehen in erwartungsvolle und fragende Gesichter. Meist steht ein Dolmetscher schon bereit. Diesmal ist ein alter Mann dabei, gut gekleidet, mit blitzblanken schwarzen Halbschuhen, eine Ausnahme bei den überwiegend Barfüßigen mit Flip Flops. Er erklärt, dass er Syrer sei und zurück nach Beirut in das Nachbarland Libanon möchte, wo seine Familie lebe. Sein Gesichtsausdruck wirkt sehr gequält. Die anderen meinen, er sei sehr krank und müsse ganz schnell zurück zu seiner Familie. Ist das nun echt und wahr oder wieder nur Erpressungspotenzial? Wir können es noch nicht richtig einschätzen.

Als ich bei nächster Gelegenheit unseren Irak-Spezialisten in Braunschweig frage, meint er, für die Syrer sei er nicht zuständig, würde sich aber darum kümmern.

Die Einsatzleitung versichert, dass die Unterlagen – den Pass des Syrers haben wir gleich hinzugefügt – mit „etwas Verzögerung wegen Arbeitsüberlastung" inzwischen per Mail an Braunschweig gesandt wurden.

Am nächsten Morgen haben wir für alle einen Merkzettel mit genauen Anweisungen für die Fahrt nach Braunschweig und zur Botschaft nach Berlin vorbereitet. Heute übersetzt und erklärt der „Chef-Dolmetscher" persönlich. Der kranke Syrer mit dem gequälten Ausdruck ist jetzt immer dabei und lauert auf Informationen. Wir erklären ihm, dass wir noch nichts Konkretes sagen können.

Drei Tage vor dem Abfahrttermin erhalte ich von unserem Partner in Braunschweig die Nachricht, dass die drei Iraker nicht zur Landesaufnahmebehörde (LAB) nach Braunschweig müssten, sondern von einem Kollegen aus Langenhagen direkt in Sarstedt abgeholt würden. Dieser führe ohnehin mit zwei Irakern aus Langenhagen nach Berlin und würde unsere drei mitnehmen. Sie sollten sich Mittwoch, also schon übermorgen um 6:00 Uhr bereithalten. Zu dem Syrer nach Beirut sei noch nichts Abschließendes zu sagen, das dauere noch, man würde sich aber darum kümmern. Wir sind begeistert von unserem Kooperationspartner in Braunschweig und sagen ihm das auch ganz offen. Zugleich äußern wir unsere Besorgnis, dass wir demnächst Friedland zugeordnet werden sollen. Von einer neuen Zuständigkeit der Landesaufnahmebehörde Friedland für die Notunterkunft Sarstedt habe er noch nichts gehört.

„Was auf uns zukommt, das bearbeiten wir. Das darf doch nicht an Zuständigkeiten scheitern."

Als wir drei Stunden später im Camp sind und bei der Einsatzleitung vorsprechen, erfahren wir, dass – nach Information aus Braunschweig – die Rückkehr des Syrers zurzeit nicht möglich wäre, aus „politischen und technischen Gründen." Eventuell würde sich das in zwei bis drei Monaten ändern.

Wiederum zwei Stunden später ist es nach einigem Hin und Her sicher: Die Zuständigkeit für die Notunterkunft Sarstedt ist von Braunschweig auf Friedland übergegangen. Nach Rücksprache mit Braunschweig erhalte ich die Bestätigung. Doch für die drei Iraker ändere sich dadurch nichts.

Mittwochmorgen rufe ich etwas besorgt in Braunschweig an und erkundige mich nach unseren Irakern. Sie müssten unterwegs nach Berlin sein. Er habe nichts Gegenteiliges gehört. Also müssten heute in der Irakischen Botschaft ihre Pass-Ersatzpapiere ausgestellt werden. Die würden dann nach Braunschweig geschickt und von dort weitergeleitet nach Friedland. Heute gegen Abend müssten die Iraker zurück in Sarstedt sein und hier bis zu ihrem Rückflug bleiben, im Camp Braunschweig sei kein Platz mehr. Morgen solle ich sie über die Einsatzleitung befragen, wohin sie fliegen möchten: nach Bagdad, Arbil oder Sulaimaniyya und ob sie ihren Rückflug selbst bezahlen könnten. Es würde etwa 200 bis 300 Euro kosten und dann relativ schnell gehen. Eventuell könnten sie kommenden Montag, über Vermittlung durch die „Flüchtlingshilfe" schon ihre Tickets bekommen. Andernfalls müsse ein Antrag zur Finanzierung bei der „Internationalen Organisation für Migration (IOM)" gestellt werden. Das würde zwei bis drei Wochen dauern. Auch in diesem Fall müssten sie so lange in Sarstedt bleiben, eventuell könnten sie auch nach Braunschweig kommen, das müsste dann geprüft werden.

Er erzählt von seinen persönlichen Erfahrungen mit Irakern, die zurück wollen:

„Viele junge Männer sind allein hierhergekommen. Ihre Familien sind noch im Irak. Hier ist dann die Enttäuschung riesengroß und sie haben Heimweh. Daraus entsteht der dringende Wunsch:

Zurück nach Hause! Ich habe schon viele Freuden-
tränen erlebt, wenn es klappt."

Zu dem kranken Syrer sagt er, eine Rückreise in
den Libanon würde möglich sein, wenn er ein Visum hätte. Dazu müsste er aber erst registriert
werden und dafür wäre jetzt Friedland zuständig.
Er behalte diesen Fall aber im Auge. Zurzeit
„sammle" er Syrer, die zurückwollten. Vielleicht
ergebe sich bald eine Möglichkeit. Im Augenblick
sei es nicht zu verantworten, sie in den Libanon
zurückzuschicken.

Auf meine Frage nach der Registrierung meint
er, das würde wohl jetzt von Friedland ausgehen.
Aber es ändere sich „von Minute zu Minute".

„Was gerade läuft und sich einspielt, wird im
nächsten Augenblick von der Politik wieder umge-
stoßen."

Eine Stunde später sind wir in der Notunterkunft Sarstedt. Wir erfahren, dass die Einsatzleitung gewechselt hat. Die alte Johanniter-
Mannschaft rückt ab, eine neue kommt. Auch zwei
neue Stabsassistenten, ein ganz junger und ein
etwas älterer, stellen sich vor. Wir informieren sie
über unsere laufenden Fälle. Auf unsere Frage, wie
es jetzt mit der Registrierung weitergehe, sagen
sie, es gebe Bestrebungen, dass von Friedland eine
Außenstelle hier im Camp eingerichtet würde.

Wir treffen unseren „Dolmetscher der ersten
Stunde". Er verabschiedet sich. Er will nach
Schweden. Hier in Deutschland sei alles zu müh-

sam, er hielte das nicht mehr länger aus. Er hätte ja Annes Visitenkarte und würde sich bei Gelegenheit melden.

Der Syrer kommt auf uns zu. Er wirkt heute – ohne die Iraker – besonders zerknirscht und verzweifelt. Wir vertrösten ihn. Wir bemühten uns nach wie vor um seine Rückreise. Es sei zurzeit nicht möglich, aber auch nicht hoffnungslos. Eventuell gebe es eine Möglichkeit, über Umwege in den Libanon zu kommen.

Beim Mittagessen – belegte Brötchen von einem Catering-Unternehmen und starker Kaffee für alle Helfer – sitzt die Dolmetscherin bei uns, die uns am ersten Tag geholfen hat. Sie erzählt, dass sie Flüchtlingsfrauen zur Untersuchung beim Arzt begleitet und beim Entkleiden schreckliche Vergewaltigungsspuren bei ihnen gesehen hätte: Große vernarbte Wunden, Brandnarben, abgerissene Fuß- und Fingernägel …

Eine Journalistin stellt sich vor – mit dem Aufdruck „Medienservice" auf dem Rücken ihrer Johanniter-Jacke. Sie soll über die Flüchtlinge und das Leben im Camp berichten.

Am nächsten Tag, wir sind heute nicht vor Ort erkundige ich mich am Nachmittag bei der Einsatzleitung, ob die drei Iraker wieder im Camp wären. Bis gestern Abend 20:00 Uhr wäre keiner aus Berlin zurückgekommen!

Wieder einen Tag später meldet sich unser freundlicher und hilfsbereiter Kooperationspartner aus Braunschweig.

„Ich habe einen auf den Deckel bekommen. Ich darf mich nicht mehr um die Iraker kümmern."

Er nennt mir Namen und Telefonnummer des Ansprechpartners in Friedland. Ich möchte gern wissen, was das für Konsequenzen hat.

„Friedland wird wahrscheinlich nur die Grenzübertrittsbescheinigung ausstellen, dann werden die Flüchtlinge sich selbst überlassen. Schade, ich habe schon so viel Logistik ´reingesteckt."

Mich interessiert, ob Braunschweig später eventuell wieder zuständig wird.

„Unmöglich ist gar nichts. Zurzeit herrscht totales Chaos."

Ich erkundige mich noch einmal, ob die Iraker zurück sind. Die Einsatzleitung kann dazu nichts sagen. Zwei Stunden später meldet sich die Leiterin der Kleiderkammer. Ein Iraker stehe bei ihr. Sie könne kein Arabisch, aber sie habe so viel verstanden, dass er nach Hause wolle und wie es nun weitergehe. Ich erkläre ihr meinen letzten Informationsstand und bitte sie, ihm das durch unsere freundliche Dolmetscherin erklären zu lassen.

Ich rufe jetzt zum ersten Mal in Friedland an und erkläre den Sachverhalt. Braunschweig hätte die Ausweispapiere nach Friedland geschickt. Wie es nun weitergehe? Der neue Sachbearbeiter fragt ebenfalls, ob die Iraker ihre Flugtickets selbst bezahlen könnten. Bei ihm kosten sie 400 bis 500 Euro. Dann ginge es schnell. Sonst müsse ein IOM-Antrag gestellt werden. Das dauere mindestens 4 Wochen. Ich solle das morgen klären. Er habe jetzt auch keine Zeit. Sein Auto sei zur Reparatur in der Werkstatt und eine Kollegin warte schon, um ihn dorthin zu fahren. Ab Montag und die darauf folgende Woche habe er Urlaub. Er nennt mir seinen Vertreter. Ich könne mich dann an ihn wenden.

Die drei Iraker warten bereits auf uns. Der „Dolmetscher der ersten Stunde" ist auch dabei. Er ist also noch nicht nach Schweden aufgebrochen. Wir befragen sie. Alle drei wollen nach Bagdad und ihre Tickets selbst bezahlen. Ich sage ihnen, dass dann die Papiere und Tickets in zwei bis drei Tagen aus Friedland kommen müssten.

Der kranke Syrer mit seinem fragenden und gequälten Gesichtsausdruck steht wieder dabei. Er tut uns wirklich leid, aber ihm können wir zurzeit nicht helfen.

Heute lernen wir den neuen Einsatzleiter kennen. Er ist ein privater Unternehmer aus dem PR-Bereich, den die Johanniter extra für diese Aufgabe engagiert haben. Auf seine Veranlassung erhalten wir jetzt die orangenen Helfer-Westen für Ehrenamtliche und Umhänge-Schilder, die uns als Kriseninterventions-Team – „KIT-Team" – ausweisen.

Wir verlassen das Camp und sind schon an der Hauptwache vorbei auf dem Parkplatz, als der

Dolmetscher, der uns die IS-Kämpfer „vorher und nachher" auf seinem Handy gezeigt hatte, auf uns zukommt. Er gibt sich wissend und vertraulich.

„Ich habe die ganze Nacht mit dem kranken Syrer gesprochen. Er will nicht mehr zurück."

Wir sind überrascht. Was können und sollen wir glauben?

Gleich am Montagmorgen will ich mich in Braunschweig nur vergewissern, dass die Papiere wirklich nach Friedland weitergeleitet wurden. Aber unser Irak-Experte ist ebenfalls im Urlaub und seine Vertreterin weiß nichts davon. Anschließend versuche ich, den Urlaubsvertreter in Friedland zu erreichen. Er meldet sich auch. Ich trage mein Anliegen vor. Er wehrt gleich ab, er müsse sich erst noch einarbeiten. Ich frage nur, ob die Papiere der drei Iraker bei seinem Kollegen auf dem Tisch lägen.

„Nein."

Auf meinen Hinweis, dass alle drei Iraker nach Bagdad wollen und ihre Tickets selbst bezahlen können, meint er:

„Dann sollen sie sich ihre Tickets für den Rückflug selbst besorgen."

Ich schlage vor, dass er die Ausreise-Papiere persönlich dem mobilen Registrierungsteam mitgeben solle, das ohnehin morgen in Sarstedt die Arbeit aufnehmen wolle. Er würde es versuchen, müsse aber jetzt erst einmal in eine Besprechung.

Ich informiere mich im Internet über Ticketprei-se. Sie kosten nach Bagdad, je nach Abflughafen in Deutschland, 180 bis 200 Euro, „Last Minute" ist es noch preiswerter.

Von „Asyl e.V." erfahre ich, dass es durchaus üblich ist, dass die Flüchtlinge bei freiwilliger Rückkehr sich ihre Flugtickets selbst besorgen, wenn sie genügend Geld dafür haben.

Wir fahren nach Sarstedt. Die drei Iraker warten wie üblich schon auf uns. Das Erste, was sie uns mitteilen:

„Der kranke Syrer fliegt morgen!"

Wir sind vollkommen erstaunt und überrascht. Das klingt vorwurfs- und zugleich erwartungsvoll. Wir berichten erst einmal über unsere neuesten Informationen aus Friedland. Dann suchen wir den Syrer. Wir finden ihn auf der Bank vor dem Eingang zur Sanitätsstation. Er macht nun gar kei-nen kranken Eindruck mehr, hält wie immer, heu-te etwas weniger versteckt, seine brennende Ziga-rette in der hohlen Hand und strahlt uns an. Voller Stolz zeigt er sein Ticket nach Beirut, Abflug mor-gen Nachmittag, es hat 625 Euro gekostet. Einen gültigen Reisepass hat er auch. Jetzt fehlt eigent-lich nur die Grenzübertrittsbescheinigung (GÜB), mit der die Ausreise aus dem Bundesgebiet nach-gewiesen werden soll. Sie wird normalerweise von der Ausländerbehörde ausgestellt. Aber solange die Flüchtlinge in einer Notunterkunft wohnen, ist die Landesaufnahmebehörde (LAB) zuständig, also Friedland. Die GÜB kann möglicherweise entfallen, wenn noch kein Asylantrag gestellt wurde. Ich habe aber auch schon gehört, dass Flüchtlinge ohne GÜB im Flughafen zurückgehalten werden oder eine hohe Strafe zahlen müssen. Die GÜB muss beim Zoll und bei der Grenzkontrolle vorgezeigt und abgegeben werden.

Ich erkundige mich beim Zoll und bei der Bundespolizei im Flughafen Hannover und erhalte die Auskunft:

„Solche Fälle kommen vor. Wenn die Flüchtlinge nicht registriert sind, halten sie sich illegal in Deutschland auf. Das ist eine Straftat und es kann ein Strafantrag gestellt werden, er wird aber in der Regel schnell wieder eingestellt. Dann wird ein Vermerk gemacht und die Angelegenheit ist erledigt. Alles in allem wird ein Flüchtling dadurch nicht an der Ausreise gehindert."

Wir besprechen das Ergebnis mit den Dolmetschern sowie den Irakern und geben jetzt folgende Losung aus: Wer einen gültigen Pass besitzt, genügend Geld hat und noch nicht registriert ist, kann das Camp „auf eigene Faust" verlassen und hat gute Chancen, schnell in sein Heimatland zurückzukehren!

Die Ausstellung dieses einfachen Rezepts hat lange genug Zeit in Anspruch genommen. Sofort findet sich unter den Umstehenden, die immer da sind, wenn wir kommen, ein vierter 26jähriger Iraker mit gültigem Pass, der sein Ticket nach

Bagdad selbst bezahlen kann. Ein fünfter Iraker –
sie nennen ihn „den Fußballer" – gesellt sich dazu.
Nun haben sie es plötzlich sehr eilig. Zwei von
ihnen wollen heute Nachmittag noch nach Berlin
fahren und von dort nach Bagdad fliegen. Der „ur-
sprüngliche" Iraker, der alles ausgelöst hat, ist von
den fünfen der einzige, der keinen Pass besitzt.
Wir erfahren heute zum ersten Mal von ihm, dass
er bei der Fahrt nach Berlin auch seinen irakischen
Personalausweis, seine „identity card" abgegeben
habe. Warum, kann er nicht sagen. Also muss er
zwangsläufig so lange ausharren, bis er neue Papiere bekommt. Zwei Iraker wollen mit ihm warten und so lange im Camp bleiben.

Am nächsten Tag verabschieden auch sie sich
und lassen ihn allein zurück. Friedland meldet
sich: Die Papiere sind noch nicht da. Sie kommen
wohl per „Dienstpost" von Braunschweig nach
Friedland und diese Dienstpost wird nur einmal
pro Woche abgeschickt. Der Urlaubsvertreter will
nun per Mail bei der Poststelle Braunschweig
nachfragen. Warum ihm auch der Personalausweis
abgenommen wurde, kann er sich nicht erklären.

Im Camp haben wir große Mühe, dem jungen
Iraker das alles zu erklären. Er ist ganz verzweifelt.
Er war der Erste, der zurück wollte, und ist nun
der Letzte und ganz allein. Er fragt, wenn er nun
noch einmal nach Berlin führe und sich bei der
irakischen Botschaft ein zweites Pass-Ersatz-Papier
(PEP) ausstellen ließe … Wir wissen auch nicht

weiter. Der Chef-Dolmetscher fragt ihn, ob er denn einen Personalausweis hätte. Er antwortet: „Ja." Also besitzt er ihn doch noch und hat ihn nicht abgegeben.

Wir treffen den Syrer. Er muss gleich zum Flughafen nach Hannover und fliegt gegen Abend nach Beirut. Seine „Krankheit" ist vergessen oder verdrängt. Er lacht wieder, ist überglücklich und verabschiedet sich sehr herzlich.

„Habibi!"

Einen Tag später sind wir um die Mittagszeit kurz in der Notunterkunft, um einige andere Dinge zu regeln. Kaum sind wir wieder zu Hause, klingelt das Telefon. Es meldet sich ein – der Stimme nach etwas älterer – Herr aus Berlin. Er spricht Deutsch. Der Iraker sei bei ihm, sie wären auch schon bei der Botschaft gewesen, aber die stelle kein zweites Mal ein Personal-Ersatz-Papier aus. Was er nun machen solle, bei ihm könne er nicht bleiben. Ich bitte ihn um etwas Geduld, lasse mir seine Handy-Nummer geben und verspreche, mich bald wieder zu melden.

Ich rufe selbst die Poststelle der Landesaufnahmebehörde (LAB) in Braunschweig an. Man versichert mir, das Postfach für Friedland wäre leer, die Post müsste also ´rausgegangen sein.

Ich frage beim Bundesamt für Migration und Flüchtlinge (BAMF) in Friedland nach. Nein, bei ihnen läge keine Post aus Braunschweig. Sie muss also bei der LAB sein.

Ich wende mich erneut an den Urlaubsvertreter. Nein, bei ihm sei immer noch nichts angekommen. Er wolle morgen seinen Sachgebietsleiter fragen, über den die Dienstpost liefe. Er würde sich dann bei mir melden, per Telefon oder Mail. Aber ob er das schaffen würde, wisse er nicht. Sie hätten morgen 400 Ausreisen.

Mit diesem Ergebnis wähle ich die Berliner Handy-Nummer. Der Mann meldet sich offenbar aus dem Auto. Sie seien schon auf dem Weg zum Bahnhof. Der Iraker käme heute Abend zurück nach Sarstedt und würde dort auf seine Papiere warten.

Den ganzen nächsten Tag über höre ich nichts aus Friedland. Am übernächsten Tag rufe ich selbst an. Der Urlaubsvertreter erklärt mir, mit der Dienstpost aus Braunschweig sei in Friedland „definitiv" nichts angekommen.

Hat unser Kooperationspartner in Braunschweig die Dokumente überhaupt abgeschickt? Seine Urlaubsvertreterin erklärt, sie habe in seinem Zimmer nichts gefunden. Vielleicht sollte man den Kollegen aus Langenhagen, der ihn zur Botschaft mitgenommen hat, noch einmal befragen. Sie gibt mir seine Telefonnummer. Eine halbe Stunde später – wir sind gerade unterwegs nach Sarstedt – ruft sie mich an. Sie habe sich selbst bei ihm erkundigt: Er habe den Umschlag mit PEP, wie verabredet, mit richtiger Bestimmung und Adresse gleich nach der Rückkehr aus Berlin an der Wache in Braunschweig abgegeben und anschließend den Iraker zurück nach Sarstedt gebracht. Sie habe auch noch einmal nachgesehen, auf dem Schreibtisch liege wirklich nichts mehr. Am besten wäre, ich würde ihn selbst fragen. Er wäre Montag aus dem Urlaub zurück und ab 6:00 Uhr in seinem Büro.

Ich höre jetzt zum ersten Mal, dass der Kollege aus Langenhagen nur ihn allein zur Botschaft nach Berlin mitgenommen hat. Die anderen beiden ließ er wohl in Sarstedt zurück, nachdem er festgestellt hatte, dass sie einen gültigen Pass besaßen.

Von der Leiterin der mobilen Außenstelle, die heute mit der Registrierung in Sarstedt beginnt, bekomme ich noch einen Tipp: Ich solle beim Bundesamt für Migration und Flüchtlinge (BAMF) in Friedland nachfragen. Dort würden alle Ausweise, die den Flüchtlingen bei der Registrierung abgenommen werden, zentral gesammelt und aufgehoben. Vielleicht wäre der Ausweis des Irakers aus Versehen dort gelandet. Sie nennt mir auch einen Ansprechpartner. Dieser leitet mich an eine Sachbearbeiterin weiter. Ich trage unser Problem und Anliegen vor. Sie ist sehr freundlich und hilfsbereit und will sich auf die Suche begeben. Am Nachmittag ruft sie zurück. Sie hätte sehr intensiv nachgeforscht, aber leider keine Unterlagen gefunden.

Montag früh rufe ich in Braunschweig an. Er habe den Umschlag am Freitag vor seinem Urlaub direkt an den Kollegen in Friedland adressiert und abgeschickt. Ich frage beim Kollegen in Friedland nach, der ebenfalls aus dem Urlaub zurück ist. Ja, die Mail über die drei Iraker, die zurückwollen, habe er bekommen – „namentlich". Und die Papiere für den einen? Die seien nicht da. Er mache sich auf die Suche und gäbe dann, wenn er sie finden würde, vorsichtshalber auch eine Grenzübertrittsbescheinigung (GÜB) mit – alles über die neue mobile Außenstelle. Er sei heute bis 17:00 Uhr im Dienst!

Wir machen uns auf den Weg nach Sarstedt. Heute zwingt eine große Baustelle auf der Bundesstraße zur Umleitung und bewirkt überall Staus. Gegen Mittag sind wir in der Notunterkunft und werden schon sehnsüchtig erwartet. Der Iraker zeigt uns einen Pass – seinen Pass. Angeblich hat er ihn aus der Türkei bekommen. Er ist ungeduldig und will sofort los nach Berlin. Er hat wohl nur auf uns gewartet, um sich zu verabschieden. Irgendwie ist er zurückhaltender, reservierter als sonst. Vielleicht steckt der Vorwurf dahinter, dass wir nichts für ihn erreicht haben. Trotzdem: Umarmung und

„Habibi!"

Epilog: Am Nachmittag – er ist längst unterwegs – rufe ich „unseren Mann" in Friedland an. Als er endlich den Telefonhörer abnimmt und ich mich melde, sagt er gleich:

„Ich habe mich um die Papiere noch nicht gekümmert. Ich hatte zu viel zu tun …"

Flucht aus Liebe

Wir kommen ziemlich enttäuscht über einen Termin bei der AWO in Hildesheim wegen der Serben und Mazedonier in die Notunterkunft nach Sarstedt zurück und stärken uns mit belegten Brötchen und Kaffee in der Einsatzhalle. Es ist Freitagmittag. Viele Helfer sind noch anwesend. Heute Vormittag haben mehrere Busse neue Flüchtlinge gebracht.

Der Chef-Dolmetscher kommt zu uns. Da draußen stehe eine Frau, die sei heute in Sarstedt angekommen, ihr Mann sei aber in Friedland – schon längere Zeit. Sie sei ganz verzweifelt. Anne geht sofort mit ihm nach draußen. Nach einiger Zeit kommt sie allein zurück.

„Das ist eine sehr gepflegte Frau, die macht einen feinen Eindruck. Wir sollten sie nach Friedland bringen!"

„Jetzt – sofort?"

„Ja."

Wir gehen zur Einsatzleitung und teilen unseren Entschluss mit, nach Friedland zu fahren und diese junge Frau mit ihrem Mann zusammenzuführen.

„Ist das Ihr Ernst? Wollen Sie das wirklich?"

„Ja."

„Sie haben aber ein großes Herz!"

Wir wollen sofort losfahren. Aber der Einsatzleiter hält uns zurück. Er müsse das vorher mit Friedland abklären. So einfach kämen wir da gar nicht hinein. Außerdem sei Friedland total überfüllt. Er müsse erst nachfragen, ob sie überhaupt noch jemanden aufnehmen würden.

Er beginnt zu telefonieren. Ich warte. Anne geht wieder nach draußen. Es ist ein wunderschöner sonniger Herbsttag. Doch in Friedland scheint ebenfalls Freitagnachmittag zu sein. Der Einsatzleiter versucht es mehrmals. Entweder hebt am anderen Ende gar keiner mehr ab oder er erwischt den falschen Ansprechpartner, gerät in die „Warteschleife", wird irgendwohin weiterverbunden, wo sich niemand mehr meldet. Schließlich – er will schon entnervt aufgeben – bekommt er den Lagerleiter persönlich ans Telefon. Wir erhalten eine mündliche Ausnahmegenehmigung und dürfen uns zur Not auf ihn berufen.

Ich bringe die frohe Botschaft nach draußen und sehe nun die Frau zum ersten Mal. Sie ist nicht mehr ganz jung – „gereift" – und hat tatsächlich sehr feine, edle Gesichtszüge. Ihr Antlitz ist schmal geschnitten, nicht symmetrisch ebenmäßig schön, vielmehr fraulich prägnant, mit hellem Teint und dezent geschminkt, die Lippen altrosa gefärbt. Sie hat einen direkten, offenen und warmen Blick. Um ihren Mund spielt ein zurückhaltendes vorsichtiges Lächeln. Sie trägt kein Kopftuch, sondern hat eine helle Wolldecke wie einen

Poncho elegant über ihren Hinterkopf gelegt, ihre langen dunklen Haare bleiben frei. Das sieht fein aus und passt zu ihr. Man hat den Eindruck, man erfasst sie nicht mit einem Mal, sondern möchte sie ergründen, sich in ihren Anblick vertiefen.

Wir begrüßen uns sehr freundlich und gehen zusammen zum Auto. Bei der Wache müssen wir erst erklären, dass wir diese Frau jetzt mitnehmen und zu ihrem Mann nach Friedland bringen. Ihr Gepäck besteht nur aus einer kleinen Reisetasche. Wir geben „Heimkehrerstraße 18" in das „Navi" ein und machen uns auf den ziemlich langen Weg. Sie sitzt hinten, scheint erschöpft und schlummert bald ein, bleibt aber wachsam. Ab und zu schaut sie auf. Wir erklären ihr die Anzeigen: Wie weit es noch ist, wie lange es noch dauert. Kurz vor der Ankunft, wir zeigen ihr die ersten Hinweisschilder nach Friedland, werden wir bei Klein Schneen vom Navi auf einen Feldweg gelotst. Das kommt uns seltsam vor, muss jedoch stimmen. Dann fahren wir rechts einen schmalen Schotterweg mit vielen Löchern hoch in Richtung Wald. Es wird immer holpriger. Das kann nicht richtig sein und wir spüren, dass sie hinten unruhig wird. Wir drehen in einer Kehre, fahren zurück auf den Feldweg und auf ihm geradeaus weiter. Am Ende kommen wir wieder auf eine befestigte Straße, die Heimkehrerstraße. Nach kurzer Zeit sehen wir auf der linken Seite das Lager. Am Ende finden wir am Straßenrand einen Parkplatz.

Der Pförtner ist sehr freundlich. Er sagt, dass er über unser Kommen informiert sei und weist uns den Weg zur Aufnahme – Block 1. Dort erwartet uns ein Gewusel von männlichen Flüchtlingen mit Handtüchern und Waschbeuteln. Hier muss also eine zentrale Sanitär- und Duschanlage sein. Es riecht entsprechend. Die Security regelt schubweise den Einlass. Ich reihe mich ein und erkläre unser Anliegen. Wir brächten eine Frau aus Sarstedt zu ihrem Mann, der hier im Lager sein müsste. Nach einigem Zögern erklärt sich der Wachmann bereit, nach dem Mann im Lager zu forschen und sich darum zu kümmern. Das ginge aber nicht so schnell, wir müssten uns gedulden und draußen warten.

Unsere junge Frau wird jetzt gesprächig. Sie spricht fließend Englisch und wir erfahren Einzelheiten zu ihrer Fluchtgeschichte: Sie sind getrennt geflohen. Er ist schon seit zwei Monaten hier in Friedland. Sie hat eine wahre Odyssee hinter sich: Von Syrien über die Türkei nach Griechenland, dann auf der Balkanroute bis nach Deutschland und heute Morgen nach Sarstedt. Unterwegs ist sie einer Bande in die Hände gefallen. Diese hat ihr Kleider und Geld abgenommen. Sie sind noch nicht verheiratet, nur verlobt. In Syrien war eine Heirat nicht möglich, weil sie Christin, er Muslim ist. In Deutschland wollen sie heiraten und sich ein gemeinsames Leben aufbauen. Ihr erstes Kind soll „Tame" heißen.

Wir erfahren, dass er in Syrien beim Militär war, „gut aussieht und eine Glatze hat". Ich frage bei der Security nach. Ja, man habe den Mann ausfindig gemacht, aber er wohne nicht hier im Lager, sondern außerhalb in Adelebsen. Er wisse Bescheid und sei auch schon unterwegs, aber es könne noch eine Weile dauern, bis er hier wäre. Jetzt, in der Zwischenzeit, könne seine Frau hereinkommen und aufgenommen werden. Ich erkläre ihr das und führe sie zur verglasten Pendeltür. Sie wird eingelassen. Ich sehe noch, wie sie auf einer Bank platznehmen soll. Wir halten Blickkontakt. Sie sieht mich etwas ängstlich und hilfesuchend an. Ich winke ihr ein letztes Mal zu und gehe dann wieder nach draußen zu Anne.

Wir wollen auf den Mann warten, den Moment des Wiedersehens miterleben. Wir postieren uns in Sichtweite voneinander, Anne vor Block 1 und ich etwa 50 Meter entfernt so, dass ich den Haupteingang im Auge behalten kann. Rechts von mir sehe ich ein Denkmal mit einer großen Glocke. Das muss die „Friedlandglocke" sein.

Ich erinnere mich: Ich war am 13. Oktober 1955 hier, vor fast 60 Jahren, als wir meinen Vater aus Friedland abholten. Er war elf Jahre in russischer Kriegsgefangenschaft gewesen und einer der letzten Spätheimkehrer. Alle Heimkehrer kamen damals im „Grenzdurchgangslager Friedland" – so lautet die offizielle Bezeichnung bis heute – an und mussten sich hier zuerst registrieren lassen. Dies war der Ort, an dem sie wieder als Deutsche erfasst, eingegliedert und in ihre Heimatorte entlassen wurden. Ich war damals zehn Jahre alt und kannte meinen Vater überhaupt nicht, ich hatte ihn nie zuvor gesehen. Die Friedlandglocke hatte mich fasziniert, weil sie als Symbol den Heimkehrern zeigen sollte, dass sie in der Heimat angekommen waren. Sie wurde immer dann geläutet, wenn mehr als zehn Menschen das Lager erreichten.

„Die Friedlandglocke

Wo die Kreuze leuchten in die dunkle Nacht,
kündend von der Liebe, die für alle wacht,
wo der Klang der Glocke aufschwebt himmelwärts,
da lebt Deutschlands Glaube, da schlägt Deutschlands Herz.

Wo so mancher wieder Mut zum Leben fand,
froh mit beiden Händen griff die Bruderhand,
wo er von den Füßen tat die schweren Schuh,
singt die Friedensglocke ihm den Frieden zu.

Friedlandglocke läute in die Welt hinaus,
bis der letzte Bruder kehrt ins Vaterhaus!
Friedlandglocke klinge, bis in Ost und West
Hand zu Hand im Ringe schließt das Friedensfest!

Friedrich Hirsch"

Ich stelle mir vor, die Friedlandglocke würde heute noch funktionieren und immer dann erklingen, wenn ein Bus mit neuen Flüchtlingen das Lager erreicht. – Vorn auf der linken Seite befindet sich das Verwaltungsgebäude. Das muss das Haus sein, in dem die Spätheimkehrer von ihren Angehörigen abgeholt und die Pressefotos gemacht wurden. Dort fand damals auch unsere erste Begegnung statt. Das Bild ist wieder präsent ...

Wir warten und warten. Ab und zu gehen wir beide aufeinander zu und tauschen kurz unsere Beobachtungen aus. Viele strömen vorbei, aber es ist keiner dabei, der es sein könnte. Schließlich kommen auf meiner Seite zwei Männer schnellen Schrittes durch den Haupteingang auf mich zu: Ein hagerer größerer und ein kleinerer korpulenter mit Glatze. Das könnte er sein. Ich spreche ihn direkt an:

„Do you speak English?"

„No."

„Are you looking for your wife?"

Keine Reaktion. Sie lassen mich einfach stehen, gehen rasch weiter und biegen vor Block 1 nach links ab. Ich halte weiter Ausschau nach dem Gesuchten.

Eine „gefühlte" Ewigkeit später winkt Anne mich heran. Bei ihr steht derselbe Mann, den ich schon angesprochen habe. Sie wurde auf ihn aufmerksam, weil er ganz aufgeregt vor Block 1 hin und her lief ... und Anne spricht natürlich viel besser Englisch als ich ... Der andere Mann, der bei ihm ist, erklärt, dass er vom Sozialdienst Adelebsen sei und den Mann dort betreue. Die beiden seien nur verlobt und außerdem unterschiedlichen Glaubens; deshalb dürften sie nicht zusammen hier im Lager wohnen. Er würde versuchen, sie beide zusammen in Adelebsen unterzubringen.

Währenddessen tritt der Mann vor dem Eingang, durch den die Frau vorhin eingelassen wurde, von einem Fuß auf den anderen und versucht angestrengt, sie im Innenraum zu entdecken. Plötzlich rennt er los. Er hat wohl einen Wink von ihr durch die Glastür bekommen. Er stürmt um die Hausecke. Wir können gar nicht so schnell folgen. Und dann sehen wir diese ergreifende Szene: Die beiden liegen sich am offenen Fenster in den Armen und lassen sich packen von ihrer unbeschreiblichen Wiedersehensfreude … Sie sind überwältigt von ihrem Glück!

Wir rufen unseren Chef-Dolmetscher in Sarstedt an und berichten, wie versprochen, über die beglückende Zusammenführung. Dann übergeben wir unser Handy und der Mann teilt seine Freude in Arabisch mit. Der Sozialarbeiter drängelt. Er will die gemeinsame Unterbringung in Adelebsen sofort regeln. Wir verabschieden uns sehr herzlich vom Mann, umarmen uns: „Habibi!"

Die Frau sehen wir nicht mehr.

Wir hätten ja auch gleich wieder zurückfahren können. Aber wir haben gewartet, bis wir sicher waren, dass die beiden zusammengefunden haben. Auf der Rückfahrt schwärmen wir von dieser Vereinigung zweier Liebender. Es wird der schönste Tag in unserer Zeit mit Flüchtlingen bleiben.

Als wir das nächste Mal den Chef-Dolmetscher wiedertreffen, ist auch er immer noch beeindruckt von der Begegnung mit dieser Frau:

„Eine Frau von hohem Intellekt!"

Sie habe ihn gefragt, ob sie ihn zum Abschied küssen dürfe – das hat ihm wohl sehr imponiert. Am Abend habe sie ihn noch angerufen und mit ihm gesprochen.

„Sie ist jetzt auch in Adelebsen."

Nach fast zwei Monaten sehen wir uns wieder. Wir haben einen jungen Iraker zum Erstinterview beim BAMF begleitet und sind anschließend nach Göttingen gefahren, weil er sich dort mit einem Freund am Bahnhof verabredet hat. Wir haben ihm einige Sehenswürdigkeiten gezeigt und sind auf dem Weg zum Treffpunkt. In der Goetheallee pufft uns jemand von hinten in den Rücken. Wir drehen uns um und sehen in die strahlenden Gesichter unseres Liebespaares. Welch eine Überraschung! Wir umarmen uns herzlich. Sie macht wieder so einen feinen und edlen Eindruck wie bei unserer ersten Begegnung. Und sein markantes Gesicht ist uns ebenfalls noch in bester Erinnerung. Sie sind beladen mit Einkaufstüten und wollen mit dem Bus nach Hause fahren. Sie wohnen jetzt zusammen in Eddigehausen, das war mein Geburtsort in einer Ausweichklinik während der letzten Kriegstage. Sie wurden bisher noch nicht zum Erstinterviewtermin beim BAMF geladen. Mit dem Chef-Dolmetscher hätten sie noch Kontakt. Uns würden sie einladen, wenn sie fertig eingerichtet sind. Vielleicht ist „Tame" bis dahin schon da.

So herzlich, wie wir uns begrüßt haben, so verabschieden wir uns voneinander. Am Busbahnhof sehen wir uns von weitem noch ein zweites Mal und winken einander zu. Eine merkwürdige Schicksalsfügung, dass wir uns hier wiederfinden – zur selben Zeit am selben Ort – wie die berühmte „Stecknadel in einem riesigen Heuhaufen"!

Kampf um das Bleiberecht

Wir werden wegen eines „Notfalls" gerufen. Eine „serbische Frau droht durchzudrehen". Sie ist mit ihren Kindern in einem Zimmer auf dem Flur für „Spezialfälle" untergebracht. Sie versteht kein Wort Deutsch. Durch Aufruf wird in Sarstedt und Umgebung ein serbischer Dolmetscher gesucht. Wir warten auf eine Meldung.

In der Zwischenzeit soll Anne sich in Zimmer 6 um zwei Frauen kümmern, die „Französisch sprechen und vergewaltigt wurden". Es stellt sich heraus, dass es sich um zwei dunkelhäutige Afrikanerinnen handelt, die tatsächlich Französisch sprechen, aber nicht vergewaltigt wurden, sondern angeblich von den Arabern auf vielfältige Weise diskriminiert und gemobbt werden. Sie schildern empört einige Vorfälle: So seien sie in Toiletten nicht hineingelassen worden; beim Duschen hätte man die Vorhänge beiseite gezogen und dann hätten Kinder davorgestanden und gelacht ... Sie wirken immer noch aufgewühlt. Hier, in diesem abgetrennten Bereich sei es besser und fühlten sie sich sicherer.

Die beiden Frauen scheinen sich jedoch untereinander nicht gut zu verstehen. Eine Frau drängt sich etwas in den Vordergrund und macht besonders auf sich aufmerksam. Sie stammt von der Elfenbeinküste, einem Land, das erst 1960 die Unabhängigkeit von Frankreich erlangt hat – deshalb die französische Sprache! Doch dieses Französisch ist für Anne kaum verständlich, zumindest gemessen am Maßstab der Schulsprache gewöhnungsbedürftig.

Einige Tage später gegen Abend wird Anne von der „aktiveren" Afrikanerin angerufen. Sie möchte mit ihr allein sprechen. Die Beiden verabreden sich für Übermorgen um 11:00 Uhr. Als wir in Sarstedt eintreffen, ist alles im Umbruch. Die alte Einsatzleitung wird durch eine neue abgelöst. Das Jugendamt ist umgezogen. Der obere Flur ist jetzt komplett für „Härtefälle" eingerichtet. Die beiden Afrikanerinnen gehören dazu und haben ihr Zimmer behalten. Als Anne auf den Flur kommt, wird sie schon erwartet. Die junge Frau von der Elfenbeinküste deutet auf einen leeren Unterrichtsraum, in dem sie ungestört miteinander sprechen können.

Anfangs ist sie verzweifelt. Sie schildert ihre Situation in ihrem Heimatland vor der Flucht. Dort herrschen zwar bis heute bürgerkriegsähnliche Zustände, aber ob das ausreicht, um in Deutschland Asyl zu beanspruchen, scheint zumindest ungewiss.

Ihre Mutter habe sie verstoßen und sie habe sehr gelitten. Sie zeigt Anne ein Gutachten, aus dem hervorgeht, dass sie unter schweren Depressionen leide, traumatisiert sei und deshalb psychotherapeutische Behandlung in Anspruch nehmen müsse. Dafür solle sie einmal pro Woche zu einer Praxis nach Hannover fahren. Sie scheint offenbar zu wissen, dass dieses Gutachten ihr helfen könnte, eine Abschiebung zu verhindern und ein Bleiberecht zu erwirken.

Anne hört ihr zunächst geduldig zu und „spiegelt" ihre Aussagen. Dann ergreift sie die Initiative und schlägt vor, den Blick nach vorn und in die Zukunft zu richten. Sie überlegen gemeinsam, was in dieser Situation hilfreich sein könnte. Die junge Frau, die durch die Visitenkarte weiß, dass Anne Heilpraktikerin für Psychotherapie ist, denkt wohl, dass Anne die Therapie übernehmen könne und dadurch die Termine in Hannover ersetzt werden könnten.

Anne schlägt als Alternative Deutschunterricht vor. Es könnte hilfreich sein, lieber rasch Deutsch zu lernen. Darauf ist die Afrikanerin sofort ansprechbar. Sie ist begeistert von dieser Idee und überlegt: ‚Wenn ich Deutsch kann, dann öffnen sich mir die Türen'. Es stellt sich heraus, dass sie leichte Deutsch-Vorkenntnisse aus der Schule hat. Anne bietet ihr also konkret an:

„Wollen wir beide zusammen Deutsch lernen?"

Sie strahlt.

„Der Himmel geht auf."

Sie beginnen sofort. Die Schülerin zeigt sich lernwillig und wissbegierig. Daraufhin geht eine totale Veränderung in ihr vor. Sie lacht wieder, holt sich neue Sachen aus der Kleiderkammer, macht sich hübsch. Sie hat das Gefühl: Eine(r) kümmert sich allein um sie. Das ist eine erhebliche Aufwertung der Person, die vorher diskriminiert und gemobbt wurde. Die psychischen Probleme scheinen vergessen. Sie meint, dass sie die Termine beim Psychotherapeuten in Hannover nicht mehr wahrzunehmen brauche. Deutschunterricht statt Psychotherapie!

Als die Zimmer auf der oberen Etage der Notunterkunft geräumt werden, um zusätzliche Verwaltungs- und Schulungsräume zu gewinnen, sollen die beiden Afrikanerinnen verteilt werden. Sie haben Glück und werden nach Hildesheim verlegt.

Einige Tage später meldet die Schülerin sich. Sie sei nur von der Notunterkunft in Sarstedt in die Notunterkunft nach Hildesheim verlegt worden. Dort sei das Wohnen ebenso schlimm. Aber es gebe Deutschunterricht!

Anne möchte sich nicht mehr einbringen. Ihre Schülerin muss jetzt allein zurechtkommen. Anne ist überzeugt davon, dass sie ihren Weg gehen wird.

Einige Zeit später trifft sie die junge Afrikanerin in der Hildesheimer Fußgängerzone. Sie macht äußerlich einen gepflegten und innerlich einen zufriedenen Eindruck. Sie erzählt munter, spricht viel und „gewählt" deutsch und blickt nach vorn …

Jeden Tag ein bisschen mehr

Ein Syrer, schon etwas älter, mit einem sehr markanten, aber sympathischen Gesicht, mit offenem Blick aus blauen Augen und gepflegtem Vollbart sowie kurzen Haaren, beides schon fast weiß, spricht uns an. Er weiß nicht, ob er hierbleiben oder zurückkehren soll. Seine Familie ist noch in der Türkei. Ein Sohn wäre schon tot. Er hätte noch einen zweiten Sohn, den möchte er nicht auch noch verlieren.

„Ich sterbe hier jeden Tag ein bisschen mehr."

Er selbst wurde zuerst in Saarbrücken registriert, sein Pass müsste auch noch dort sein. Am liebsten möchte er in die Türkei, um sich mit seiner Familie zu besprechen. Wir haben das Gefühl, dass er nur in die Türkei reisen will, um seine Familie nachzuholen.

Ich bespreche den neuen Fall mit Friedland. Ein Visum für die Reise in die Türkei braucht er als Syrer nicht. Der Pass aus Saarbrücken müsste – wie bei der serbischen Familie – „automatisch" nach Friedland kommen, weil er jetzt dort registriert ist.

Zwei Tage später meldet Friedland, dass der Pass tatsächlich eingetroffen sei. Nun geht es noch um die Finanzierung der Rückreise. Der Syrer hat angeblich kein Geld. Ich bitte Friedland inständig, nach einer Möglichkeit zu suchen, weil der Syrer offensichtlich sehr unter der Trennung leidet und von Tag zu Tag verzweifelter wirkt. Aber heute, am Freitag, vor dem Wochenende, wird sicherlich nichts mehr auszurichten sein.

Montag früh erkundige ich mich. Es hat sich noch nichts getan. Unser Kontaktmann in Friedland verspricht jedoch, sich sofort darum zu kümmern und meldet sich tatsächlich nach einer halben Stunde wieder. Der Pass liege schon bei ihm. Doch die Rückfrage bei IOM habe ergeben, dass ein Finanzierungsantrag für Syrer grundsätzlich nicht möglich sei, weil sie nicht in ein Kriegsgebiet zurückgeschickt werden dürften. Und seine Rückreise in die Türkei scheine wenig glaubhaft. Er müsse sich also selbst irgendwie Geld für sein Flugticket besorgen. Wenn eine Kopie von diesem Ticket vorliege, würde er den Pass und eine Grenzübertrittsbescheinigung (GÜB) schicken.

Der Versuch, am Flughafen Hannover-Langenhagen ein billiges „Last-Minute-Ticket" zu ergattern, scheitert daran, dass dafür am Buchungsschalter ein gültiger Reisepass vorgelegt werden muss. Wenn andererseits Friedland darauf besteht, dass der Pass erst herausgegeben wird, wenn das Flugticket vorliegt, dann geht gar nichts. Wir einigen uns auf ein neues Verfahren: Pass und GÜB werden gegen Quittung herausgegeben und wir verabschieden den Flüchtling. Eine Kopie vom Ticket schickt er dann per Handy an mich oder direkt nach Friedland.

Die Außenstelle Sarstedt hat inzwischen ein eigenes Fach in Friedland, über das ständig die Unterlagen gegenseitig ausgetauscht werden. Und wir haben eine neue Johanniter-Mitarbeiterin im Camp – „Assistenz der Führung – hauptamtlich", eine Syrerin, die einige Jahre in Dubai gelebt hat und perfekt Deutsch und Arabisch spricht. Der Syrer nimmt sie rasch für sich ein und sie fühlt sich fortan für ihn zuständig.

Friedland hat im Pass festgestellt, dass der Syrer Palästinenser ist. Was das möglicherweise für Konsequenzen hat, weiß man nicht oder will es nicht sagen. Übermorgen soll der Pass nach Sarstedt kommen, zusammen mit einer GÜB, die für 14 Tage, bis Ende November, gültig ist. Die neue Assistentin der Einsatzleitung teilt ihm das mit.

Doch nun geht es ihm auf einmal zu schnell. Selbst für ein preiswertes Last-Minute-Ticket hat er noch nicht genügend Geld, muss es erst noch zusammensammeln oder besorgen. Außerdem schwankt er plötzlich, will vielleicht nicht mehr zurück. Er überlegt, ob nicht doch das Asylverfahren für ihn die bessere Lösung wäre.

Der Pass ist nicht mehr gültig, gerade Ende Oktober abgelaufen. Wir stellen es jetzt erst fest, Friedland hat es ebenfalls nicht bemerkt.

Er ist ständig hin- und hergerissen zwischen Asylverfahren oder Rückkehr, mal so, mal so. Er sucht überall Rat: In der Registratur, bei der Assistentin der Einsatzleitung, bei seinen Landsleuten und Parzellennachbarn, oft auch bei uns, sobald wir ihn sehen und uns mit ihm unterhalten. Anfangs schien er nur Arabisch zu sprechen und zu verstehen. Allmählich stellt sich heraus, dass er auch ziemlich gut auf Englisch kommunizieren kann. Meistens wird ihm empfohlen, sein Asylverfahren weiter zu betreiben, zumal er als Syrer eine hohe Bleibeperspektive und zudem mit seinem erlernten Beruf als Lackierer gute Chancen auf dem deutschen Arbeitsmarkt hätte. Nach erfolgreichem Abschluss des Verfahrens könnte er ja seine Familie nachholen. Das ist die rationale Seite, die wir ihm nahezubringen versuchen. Aber die emotionale Seite gewinnt immer wieder die Oberhand und treibt ihn voller Sehnsucht zur Rückkehr zu seiner Familie.

Er hat sich jetzt an die Caritas in Sarstedt gewandt und um Hilfe gebeten. Sie rät ihm ebenfalls hierzubleiben und will versuchen, das Asylverfahren und die Familienzusammenführung zu beschleunigen. Bei der Registrierung hat er als Termin für das Erstinterview beim BAMF und damit für den eigentlichen Beginn des Verfahrens den 5. Mai des nächsten Jahres, also in etwa einem halben Jahr, genannt bekommen. In 8 Tagen will die Caritas sich wieder bei ihm melden und berichten, was sie erreicht hat. Bis dahin ist jedoch die GÜB abgelaufen. Er fragt, ob sie verlängert oder neu ausgestellt werden könnte. Nach Rücksprache mit Friedland kann ich ihm zusagen, dass dies kein Problem wäre.

Einige Tage später wartet er im Camp auf uns. Er ist in eine andere Parzelle – „Haus" 13 in Halle 3 – umgezogen. Er macht also offenbar keine Anstalten, das Camp kurzfristig zu verlassen. Er braucht jetzt seinen Pass für die Caritas. Warum – verrät er mir nicht. Außerdem stellt er uns einen „Freund", einen Parzellen-Mitbewohner, ebenfalls einen bereits etwas älteren Herrn vor. Er will zurück nach Syrien, hat keinen Pass und kein Geld. Ich versuche ihm begreiflich zu machen, dass diese Konstellation sehr unglücklich sei und eine freiwillige Rückkehr praktisch ausschließe.

Inzwischen hat er Taschengeld ausbezahlt bekommen. Das reicht schon für ein „Last-Minute-Ticket" in die Türkei. Aber er ist immer noch unentschlossen. In der Taschengeld-Ausgabe wird mir bestätigt, dass er noch einmal Geld bis zur Abreise bekomme. Er solle rechtzeitig Bescheid sagen, bevor er gehe.

Als wir ihn das nächste Mal sehen, ist er ganz aufgelöst. Zunächst zeigt er uns ein Schreiben, das die Caritas für ihn aufgesetzt hat und in dem er nun das BAMF offiziell darum bittet, seinen Anhörungstermin zur Einleitung des Asylverfahrens vom 5. Mai 2016 vorzuziehen. Aber er will ja gar kein Asylverfahren mehr beantragen. Es dauert ihm zu lange. Die syrische Assistentin der Einsatzleitung dolmetscht, aber sie ist mit ihrem eigenen

Herzen dabei. Wir erklären ihm, dass das Asylverfahren für ihn als Syrer beschleunigt werden kann. Aber er denkt nur an die Rückkehr. Doch das ist nicht möglich, weil sein Pass abgelaufen ist. Seine „identity card" trägt kein Ablaufdatum, ist jedoch untauglich für die Ausreise. Er weiß ganz genau, dass es für ihn unmöglich ist, bei der Botschaft einen neuen Pass zu beantragen. Die syrische Botschaft darf nicht wissen, dass er hier ist. Wenn die Botschaft Kenntnis von seiner illegalen Einreise erlangt, droht seiner ganzen Familie in Syrien Gefängnis und Folter. Er hat vor allem Angst um seine Frau und seine einjährige Tochter. Er zeigt mir Fotos auf seinem Handy. Merkwürdig: Bei unserer ersten Begegnung war ein Sohn tot und er fürchtete, seinen zweiten Sohn zu verlieren; dieser zweite Sohn ist nun plötzlich eine kleine Tochter …

Er denkt nur noch daran, wie er am besten in die Türkei zu seiner Familie kommt, aber ohne Pass? Sein Geld würde reichen. Von den 250 Euro Taschengeld, die er bis heute bekommen hat, sind noch etwa 200 Euro übrig. Ich hatte gestern im Internet gesehen, dass zurzeit das günstigste Ticket nach Ankara 66 Euro, nach Istanbul 84 Euro kostet.

Der ältere Freund, der auch zurück möchte, hat das gleiche Problem. Sein Pass ist sogar schon vor 6 Jahren abgelaufen.

Am nächsten Tag erkundige ich mich bei der Bundespolizei am Flughafen Hannover, ob es irgendeine legale Möglichkeit für einen Syrer gebe, ohne Pass in die Türkei zu fliegen. Schon der Flug in die Türkei weckt Misstrauen. Der Beamte äußert den Verdacht, dass er nur seine Frau und sein Kind holen und dann zu dritt über die bayrische Grenze nach Deutschland kommen wolle. Auf jeden Fall stelle die Fluglinie ein Ticket nur mit gültigem Pass aus, identity card oder GÜB reichten dafür nicht.

Unser Kooperationspartner in Braunschweig, der schon über viel Erfahrung auf diesem Gebiet verfügt, bestätigt, dass Syrer kein PEP bekommen und er keine Möglichkeit zur legalen Passbeschaffung sehe. In diesem Fall gebe es drei Möglichkeiten:

Erstens: Er versucht, seinen Pass bei der Botschaft zu verlängern – mit hohem Risiko.

„Die Botschaft ist syrisches Territorium. Entweder er kommt ohne Pass wieder heraus oder er kommt gar nicht mehr heraus."

Zweitens: Er bleibt hier und beantragt Asyl.

Drittens: Er geht illegal auf dem gleichen Weg zurück, auf dem er hergekommen ist.

Einige Tage später besteht bei ihm wieder größere Bereitschaft, Asyl zu beantragen und das offizielle Asylverfahren zu durchlaufen.

„Es bleibt mir ja nichts anderes übrig."

Zugleich macht er sich große Sorgen um seine Frau und seine Tochter in Syrien. Merkwürdig: Jetzt sind die beiden in Syrien – nicht in der Türkei. Verzweifelt fragt er mich, ob *ich* nicht seinen Pass in der syrischen Botschaft für ihn verlängern könne. Der abgelaufene Pass befindet sich noch in meiner Obhut.

Zwei Tage später fragt er mich sehr höflich, ob ich ihm den Pass aushändigen könne. Er hätte einen möglichen Weg gefunden. Er würde den Pass per Post nach Damaskus schicken. Ein guter Freund würde versuchen, ihn dort zu verlängern. Wenn der Pass dann wieder zurück wäre, würde er nach Ankara fliegen und sich von da zu Fuß nach Syrien durchschlagen. Auch das ist wieder merkwürdig: Von Ankara im Norden der Türkei bis nach Syrien sind es weit über 400 Kilometer. Normalerweise fliegen Syrer, die unbedingt zurück wollen und über Pass und Geld verfügen, nach Adana im Süden der Türkei. Das Ticket kostet um die 100 Euro und von dort bis zur syrischen Grenze sind es nur etwa 50 Kilometer.

Ohne weiter nachzufragen händige ich ihm seinen Pass aus und lasse es mir auf der inzwischen abgelaufenen Grenzübertrittsbescheinigung quittieren.

Einige Tage später zeigt er mir einen Aufenthaltsgestattungsausweis, ausgestellt am 11.12.2015. Ich bin ganz erstaunt. Diesen Ausweis erhält ein Flüchtling nach dem ersten Anhörungsgespräch zum Asylverfahren beim BAMF in Friedland. Er ist überhaupt erst der zweite Flüchtling aus der Notunterkunft Sarstedt mit einer offiziellen Aufenthaltsgestattung. Vier Tage davor waren wir mit einem Iraker zum Erstinterview in Friedland. Da wusste man beim BAMF noch nicht einmal von der Zuständigkeit für Sarstedt. Das war also offenkundig der Erste und nun ist der Syrer der Zweite.

Er erzählt, dass er eine Aufforderung erhalten habe, daraufhin mit dem Zug nach Friedland gefahren sei und dort übernachtet habe. Das Ganze muss mit dem Schreiben von der Caritas zusammenhängen, in dem er ein Vorziehen des Termins beantragt hatte.

Damit hat jedenfalls das offizielle Asylverfahren für ihn begonnen und es müsste bei ihm als Syrer auch schnell entschieden werden, wesentlich schneller als bei anderen. Trotz dieser positiven Aussichten hält er an seinem Rückreiseplan fest. Er will jetzt mit Hilfe seiner identity card den Pass verlängern lassen und bittet mich um eine Kopie seines Ausweises. Er wollte mich zuerst fragen, weil ich ihm immer geholfen hätte. Jetzt will er nach Beirut fliegen. Das ist seine neueste Version.

Am nächsten Morgen erhalte ich von der syrischen Assistentin der Einsatzleitung, die inzwischen seine enge Vertraute ist, eine SMS, ob er für die Passbeschaffung meine Adresse angeben könne. Er möchte nicht, dass sein Pass ins Camp geschickt wird und hat Angst, dass er verloren geht. Ich teile ihr meine Postanschrift mit.

Am späten Vormittag meldet sich eine Sozialarbeiterin:

„Hier ist ein Syrer, der will unbedingt zurück."

„Hat er einen Pass?"

„Ja, aus Saarbrücken, aber der ist abgelaufen."

„Dann muss das der Herr ... sein! Fragen Sie ihn mal!"

... „Ja ..."

„Das läuft schon alles!"

Warum versucht der Syrer es jetzt woanders?

Heiligabend Morgen teilt mir die syrische Dolmetscherin mit, dass er jetzt eine andere Adresse angegeben habe. Die Passverlängerung dauere aber wohl noch einige Zeit.

Bei der Gelegenheit möchte sie wissen, wie das mit den Interviews überhaupt wäre und wo? Die beiden, unser junger Iraker und der Syrer sind offenbar immer noch die einzigen, die schon ihre Anhörung absolviert haben und einen Aufenthaltsgestattungs-Ausweis besitzen. Ich nenne ihr die Adresse in Friedland. Sie fragt, ob einer, der neben ihr stehe, sich wohl ´mal nach seinem Erstinterview erkundigen könne. Ich empfehle ihr, diese Sache nicht individuell, sondern lieber generell mit dem BAMF für alle in Sarstedt zu regeln.

Mitte Januar soll der Syrer verteilt werden. Das regt ihn auf. Er will doch zurück nach Syrien und nicht in eine andere Unterkunft, gar in einem anderen Ort. Wir sprechen noch einmal alles durch: Ich mache ihn auf die Nähe des türkischen Flughafens Adana zur syrischen Grenze und auf die günstigen Ticket-Preise aufmerksam. Er wartet jetzt erst auf seinen Pass, dann will er eine neue GÜB und zurückfliegen. Vom Asylverfahren kann ich ihn immer noch nicht überzeugen, obwohl er eine gute Perspektive hätte.

Am 8. Januar 2016 wird für Syrer die Visumpflicht für die Einreise aus Drittländern in die Türkei eingeführt. Nun ist es zu spät für einen Flug in die Türkei und eine Weiterreise nach Syrien. Als ich dies der syrischen Assistentin sage, die offenbar immer mehr zu seiner Vertrauten wird, zeigt sie sich zunächst überrascht, dann lässig:

„Dann fliegt er eben nach Beirut. Die Syrer wissen das."

Auch mit seiner Verteilung nach Winsen sind beide nicht einverstanden. Ich bin mir nicht sicher, ob er am Tag des Transfers tatsächlich in den Bus eingestiegen ist und Sarstedt verlassen hat oder ob er im Camp geblieben ist.

Für mich ist dieser Fall eigentlich erledigt. Ich habe ihm auf seinen Wunsch vorher noch das Original seiner identity card gegen Quittung ausgehändigt. Ich muss nur noch eine neue GÜB von Friedland anfordern, wenn er seinen verlängerten Pass aus Syrien zurückerhalten hat. Aber das wird kein Problem sein, die GÜB kann man auch per Post nach Winsen schicken.

Er soll sich tatsächlich seit Mitte Januar in Winsen aufhalten. Die syrische Assistentin hält engen Kontakt zu ihm. Ende Januar erzählt er, dass sein Pass, den er zur Verlängerung nach Syrien geschickt hatte, von der Geheimpolizei konfisziert wurde. Was nun? Er hat wieder große Angst um seine Frau und seine kleine Tochter. Wir empfehlen ihm, das Asylverfahren weiter laufen zu lassen.

Ende Februar schickt die syrische Assistentin eine dringende SMS aus Dubai – sie hat dort 7 Jahre gelebt und gearbeitet, verbringt zurzeit ihren Urlaub in Dubai und kommt erst in einer Woche zurück: Der Syrer habe nun einen Pass und ein Flugticket für den 5. März. Nun benötige er unbedingt die Grenzübertrittsbescheinigung (GÜB). Ich solle sie, wie im Januar versprochen, rasch aus Friedland besorgen. Ich antworte, dass dafür jetzt die Ausländerbehörde in Winsen, seinem neuen Aufenthaltsort, zuständig sei und er sich dort die GÜB besorgen solle.

Als die Syrerin aus dem Urlaub zurück ist, bestätigt sie mir, dass sie diese Information weitergegeben habe.

„Ich brauche WLAN"

Während wir sehr intensiv mit der freiwilligen Rückkehr der serbischen und mazedonischen Familien und der Suche nach ihren Pässen beschäftigt sind, werden wir vom „Security-Vormann" auf einen neuen Fall angesprochen: Ein junger Iraker habe psychische Probleme und schwebe in akuter Suizid-Gefahr, einmal hätte er es schon versucht. Wir sollten uns doch bitte seiner annehmen. Das ist ein Fall für Anne. Wir verabreden das erste Gespräch für den übernächsten Tag.

Er erwartet uns nicht, wir müssen ihn erst suchen. Schließlich machen wir ihn gemeinsam ausfindig. Der junge Iraker ist schmächtig, blass, mit schwarzen Haaren und Dreitagesbart. Seine schmale Gestalt wird noch betont durch ein weißes ärmelloses Turnhemd und eine weite knielange blaue Sporthose, darunter dürre Beine, natürlich wie die meisten Flüchtlinge barfuß in Flip Flops. Er macht einen kränklichen Eindruck, wirkt verschüchtert und kann uns nicht offen in die Augen sehen.

Wir machen eine Dolmetscherin aus dem Sanitätsbereich ausfindig: Eine junge Syrerin, die seit 20 Jahren in Deutschland lebt. Wir hatten uns schon vorher mit ihr unterhalten. Sie meint, sein Suizid-Versuch wäre eine Show gewesen.

Wir ziehen uns in einen Unterrichtsraum zurück. Ziemlich rasch haben wir wieder, wie so oft, das Gefühl, dass die Dolmetscherin nicht die tatsächlich gesprochenen Worte übersetzt, sondern jeweils ihre eigene Meinung hinzufügt. Das ist für ein Gespräch, in dem es um Psychotherapie gehen soll, unmöglich. Zum Glück stellen wir bald fest, dass er gut Englisch versteht und spricht, sodass wir die Gesprächsführung selbst übernehmen und die Dolmetscherin entlassen können. Beleidigt verlässt sie den Raum.

Nach und nach, Stück für Stück erfahren wir seine Lebensgeschichte: Er ist jetzt 22 Jahre alt und letzten Monat, genau an seinem Geburtstag, in Friedland angekommen. Nach zwölf Tagen wurde er nach Sarstedt gebracht und war damit einer der ersten Flüchtlinge in dieser gerade neu errichteten Notunterkunft. Er kommt aus dem Irak, seine Familie ist dort zurückgeblieben. Sein Vater war Offizier – er erwähnt einmal kurz den Dienstgrad „Colonel" – in der Armee von Saddam Hussein. Vor 13 Jahren verließ der Vater das Militär und wurde Ingenieur. Er hat dann in Tikrit gearbeitet. Die Mutter und die 15jährige Schwester sind jetzt in Bagdad. Er weiß nicht, ob sein Vater noch lebt oder schon tot ist. Nach Tikrit kommt man nicht mehr. Das ist zu gefährlich. Sie sind Sunniten und in Tikrit herrschen Schiiten. Er hat zwei Onkel, Brüder von seinem Vater. Einer ist auch in Tikrit. Er wird ebenfalls vermisst. Der andere ist in Bagdad. Mit ihm hat er gerade vor vier Tagen noch telefoniert. Er wusste aber auch nichts Neues von seinem Vater. Sein Vater und der Bruder wurden gefoltert. Wenn sein Vater tot ist, ist er der einzige Mann in der Familie. Also muss er zurück und seinen Vater vertreten. Aber seine Mutter verbietet es. Bei seiner Rückkehr besteht akute Lebensgefahr. Wenn er zurückgeht, wird er umgebracht. Also müssen Mutter und Schwester hierherkommen. Er ist geflohen vom Irak über die Türkei und Griechenland, dann Mazedonien, Ungarn und Österreich nach Deutschland und ist schließlich in Friedland gelandet. Sein Pass ist auf der Flucht verloren gegangen, er hat aber eine Kopie auf seinem Handy gespeichert. Er kann so gut Englisch, weil sein Vater ihn vor zehn Jahren gezwungen hat, es zu lernen. Er hat im Irak die High School bis zur 12. Klasse besucht und stand kurz vor dem Abschluss. Er möchte gern studieren und Ingenieur werden – wie sein Vater. Eigentlich interessiert er sich mehr für Physik und Chemie. Das ist aber im Irak nicht möglich, es gibt dafür keinen Job. Er hat im Camp keine Kontakte und auch sonst keine Bekannten in Deutschland. Ein 38jähriger ist die einzige Vertrauensperson. Bei der Registrierung am 4. November hat man ihm als Termin für das Erstinterview beim Bundesamt für Migration und Flüchtlinge (BAMF), den eigentlichen Beginn des Asylverfahrens, den 11. Mai 2016, also in über einem halben Jahr genannt. Das war ein Schock für ihn. Daraufhin wollte er sich umbringen. Aktuelle und akute Probleme sind Hämorrhoiden und eine Pfeffer- und Curry-Allergie. Das Essen im Camp ist für ihn zu scharf.

Auf dem Flur sprechen wir den stellvertretenden Einsatzleiter an, der ein Schulkamarad unseres Enkelsohnes ist: Eine spezielle Schon- oder Diät-Kost für einzelne Flüchtlinge ist nicht möglich. Er kann höchstens eine für ihn passende Wahl zwischen den angebotenen Speisen treffen. Er hat auch schon von den Berufswünschen des jungen Irakers gehört und empfiehlt ein Praktikum bei Continental in Hannover.

Zuhause informiere ich mich: Tikrit war der Geburtsort und Hauptsitz des Clans von Saddam Hussein. In der Ära nach Hussein war Tikrit das Zentrum des Widerstands gegen die US-amerikanische Besetzung des Iraks. Im Juni 2014 fand dort ein Massaker durch den IS mit einer Exekution von 1700 Menschen statt. Nach der Rückeroberung im März 2015 wurden zahlreiche Massengräber gefunden. Bis heute gibt es Übergriffe von Schiiten gegen Sunniten. Die Sorge um seinen Vater ist wohl berechtigt.

Vielleicht wäre für ihn ein „beschleunigtes" Asylverfahren möglich, d.h. der Verzicht auf ein persönliches Anhörungsgespräch, stattdessen die schriftliche Darlegung der Fluchtgründe in einem vorbereiteten Fragebogen und die positive Entscheidung zum Asylverfahren nach Aktenlage. Ich sehe mir den entsprechenden Fragebogen im Internet an. Er ist mehrsprachig und 10 Seiten lang. Aber es sind insgesamt nur zwölf Fragen, die ganz einfach durch Ankreuzen der Antworten „Ja" oder „Nein" zu beantworten sind: Zur Identität, zu Lebenslauf und Beruf, zu vorhandenen Dokumenten, zu Fluchtgründen, zum Asylantrag in anderen Ländern. Die letzten beiden „Zusatzfragen" beziehen sich auf Kenntnisse über Kriegsverbrechen oder Verbrechen gegen die Menschlichkeit und – letzte Frage – ob der Antragsteller die Täter namentlich benennen kann.

Das beschleunigte Asylverfahren durch diesen simplen Fragebogen statt stundenlanger Anhörung ist zurzeit nur für Syrer, religiöse Minderheiten aus dem Irak – Christen, Mandäer und Yeziden – sowie für Eritreer möglich, dafür allerdings mit fast hundertprozentiger Erfolgsaussicht und Bleibeperspektive. Ansonsten gilt diese Sonderregelung nicht, aber vielleicht gibt es eine Ausnahme in diesem speziellen Fall. Ich muss mich erkundigen. Doch ein Nachholen der Mutter und Schwester aus Bagdad erscheint aussichtslos, da der Familiennachzug allenfalls für Ehepartner und minderjährige Kinder vorgesehen ist.

Die erste Kontaktaufnahme mit dem zuständigen Mitarbeiter beim BAMF verläuft ernüchternd: Beim ersten Interviewtermin würden grundsätzliche Dinge, wie Herkunft, Fluchtursachen, Alter, Familienstand usw. abgeklärt und überprüft sowie

Fingerabdrücke abgenommen. Damit beginne das Asylverfahren. Für Mutter und Schwester sei grundsätzlich kein Familiennachzug möglich. Ein schriftliches Verfahren setze voraus, dass die Kriterien dafür zuträfen. Sonst gelte der Anhörungstermin, selbst wenn er Monate im Voraus liege. Jetzt würden keine festen Termine mehr ausgegeben, sondern nur noch zu gegebener Zeit schriftliche Aufforderungen verschickt. Es gebe auch keine Ausnahmen von dieser Regel, da „sonst alle kommen" könnten.

„Was will er denn erreichen mit einer Vorziehung des Termins?"

Ich weise ihn auf die akute Suizidgefahr hin und bitte in diesem speziellen Fall um „wohlwollende Prüfung"! Ganz vorsichtig nenne ich ihm meine Telefonnummer.

Am Dienstag der darauffolgenden Woche ist Anne zum Einzelunterricht in Deutsch mit ihm verabredet. Wir sind pünktlich da, aber der junge Iraker nicht. Ich suche ihn in den Hallen und auf dem Gelände, kann ihn aber nicht finden.

Nachdem wir längere Zeit vor dem Unterrichtsraum auf ihn gewartet haben, geben wir es auf und gehen zur Registrierung, ihre Räume befinden sich auf dem gleichen Flur. Wir schauen oft dort vorbei, tauschen uns mit den Mitarbeitern aus und bekommen einen Kaffee, den es inzwischen in der Einsatzhalle nicht mehr gibt.

Seit einigen Tagen ist für die LAB Friedland ein neuer Dolmetscher beschäftigt: Ein junger Syrer, schon seit einiger Zeit in Deutschland, freundlich, offen, direkt, kompetent und zuverlässig im sprachlichen Umgang mit Arabisch und Deutsch. Wir sprechen über das beschleunigte Asylverfahren. Von ihm erfahren wir, dass man nach seinen Informationen zurzeit in der Türkei 7000 Euro für einen gefälschten syrischen Pass bezahle.

Mit ihm kommen wir auch über den jungen Iraker ins Gespräch. Er kann sich genau an seinen Suizid-Versuch erinnern. Er arbeitete zu dem Zeitpunkt noch bei der Security und war dabei, als der Iraker auf dem Dach stand. Er habe gedroht, sich hinunterzustürzen, wenn seine Mutter und seine Schwester nicht nachgeholt würden. Sie hätten ihn mit Mühe davon abhalten können und vom Dach geholt. Merkwürdig: Uns hat er erzählt, dass er verrückt geworden sei, als er den Termin – 11. Mai für das Erst-Interview – gehört habe.

Am frühen Nachmittag, als wir wieder zu Hause sind, ruft der Iraker an und entschuldigt sich: Er sei gestern krank gewesen, esse zurzeit nichts mehr und habe heute im Bett gelegen. Der verpasste Unterrichts-Termin war ihm offenbar peinlich.

Zwei Tage später frage ich, bevor wir nach Sarstedt fahren, vorsichtig beim BAMF nach, ob es eine Chance gebe, den Erst-Interview-Termin für unseren Schützling vorzuziehen. Natürlich hatten sie sich nicht von sich aus gemeldet. Die Antwort kommt spontan und genervt: Es sei überhaupt noch kein Vorgang für sein Asylverfahren angelegt, weil die BÜMA (Bescheinigung über die Meldung als Asylsuchender) fehle.

Ich erkundige mich bei der LAB. Dort liegt seine BÜMA vor. Zugleich erklärt man mir die „normale" Vorgehensweise: Der Flüchtling wird irgendwann „verteilt", d.h. ihm wird ein neuer Aufenthaltsort zugewiesen. Zugleich geht damit die Zuständigkeit von der LAB Friedland auf die Ausländerbehörde der neuen Kommune über. Diese teilt dann die neue Anschrift dem BAMF mit und von dort erfolgt schließlich die schriftliche Einladung zum Erstinterview. Aber unser Iraker sei „zur Verteilung noch gar nicht freigegeben" und bleibe deshalb erst einmal in der Notunterkunft Sarstedt.

Im Camp erklärt mir die Leiterin der Registrierungs-Außenstelle, der „Verbindungsoffizier zu Friedland", dass bei der Registrierung die BÜMA dreimal erstellt werde. Eine Ausfertigung erhalte der Asylbewerber selbst, als vorläufigen Ausweis und als „Laufkarte" im Camp. Übrigens enthält die BÜMA gleich im Kopf als Kleingedrucktes die Verhaltensmaßregeln:

„Aufnahme eines Studiums oder einer sonstigen Berufsausbildung sowie Erwerbstätigkeit nicht gestattet. Der Aufenthalt ist bis zu einer anderen Entscheidung auf den Bezirk der zuständigen Aufnahmeeinrichtung beschränkt. Der Asylsuchende hat sich unverzüglich zu der für ihn zuständigen Aufnahmeeinrichtung zu begeben."

Die zweite und dritte Ausfertigung nimmt der „Verbindungsoffizier" nach Feierabend mit und gibt sie persönlich in Friedland ab. Ein Exemplar gehe an die LAB, ein weiteres an das BAMF. Dieses dritte Exemplar befinde sich extra zum Kennzeichen, dass es aus Sarstedt komme, in einem Umschlag und sei mit einem roten Gummiband umspannt.

Der Dolmetscher bestätigt uns erneut, dass er den Iraker am 5. November, einen Tag nach seiner Registrierung vom Dach geholt habe. Es kann also doch einen Zusammenhang zwischen seinem allzu weit entfernt liegenden Anhörungstag und seinem Suizid-Versuch geben. Auf der anderen Seite vertritt der „Verbindungsoffizier" die Meinung, dass im Wege der Familienzusammenführung auch Mutter und Schwester nachgeholt werden könnten. Für uns steht ein dickes Fragezeichen hinter dieser Aussage und wir werden uns hüten, diese Hoffnung bei ihm zu wecken.

Immerhin hat er sich heute an die Verabredung gehalten und ist zum Einzelunterricht erschienen. Doch zunächst soll er zum ersten Mal Taschengeld bekommen. Es geht um die Zeit von seiner Ankunft in Friedland, das war – nach Rückfrage bei ihm – am 15. September, genau an seinem 22. Geburtstag, bis heute, dem 26.11.2015. Wir gehen mit ihm hinunter auf das Gelände zur Auszahlungsstelle. Es ist heute ziemlich kühl draußen. Er hat nur sein kurzärmeliges T-Shirt, seine kurze Sporthose an und ist, wie üblich, barfuß in Flip Flops. Wir drängen ihn, etwas überzuziehen, aber das lehnt er ab. Die Zahlstelle wird von mehreren Security-Mitarbeitern streng bewacht. In einiger Entfernung vom Eingang sind mehrere Bauzaun-Elemente errichtet, die nur einen schmalen Durchgang lassen. Dort werden die Flüchtlinge nach Kontrolle einzeln durchgelassen. Vor diesem „Nadelöhr" hat sich eine lange Schlange gebildet. Wir reihen uns artig mit ihm ein und warten geduldig, bis wir an der Reihe sind. Der junge Iraker wird von den anderen freundlich aufgenommen und gut behandelt. Zwei bieten ihm sogar einige Züge von ihren Zigaretten an, die er gern annimmt. So schlimm scheint es also offenbar mit seiner Einsamkeit und mit seinem mangelnden Kontakt im Camp gar nicht zu sein. Er bekommt 254 Euro ausgezahlt. Er meint dazu später im Unterrichtsraum weise:

„You can´t buy life with money."

Während Anne ihm Einzelunterricht Deutsch gibt, rufe ich – heute zum zweiten Mal – beim BAMF in Friedland an und erkläre, wie die BÜMAs aus Sarstedt aussehen, um die Suche zu erleichtern.

„Alle Gummibänder sind rot. Wir haben hier Hunderte pro Tag …"

Ich frage ihn, ob vielleicht eine zweite BÜMA oder eine Kopie etwas nützen würde. Er verneint. Dadurch würde nur das Risiko der Doppelerfassung entstehen. Er brauche vor allem Z E I T ! Ich solle mich – heute ist Donnerstag – Anfang nächster Woche noch einmal melden. Trotzdem schickt am nächsten Tag die LAB auf meine Veranlassung eine Kopie hinüber zum BAMF. Die Häuser der beiden Behörden – LAB als Landesbehörde und BAMF als Bundesbehörde – liegen in Friedland direkt nebeneinander und sind doch „so weit entfernt voneinander".

Gleich am Montag melde ich mich beim BAMF. Er habe am Freitag von der LAB nichts bekommen. Er rufe zurück.

Am nächsten Tag rufe ich wieder an. Er habe jetzt den Vorgang gefunden. Das Erstinterview werde vorgezogen. Eine Kollegin solle den Termin mit mir abstimmen. Sie würde mich anrufen.

Ich habe gestern vergeblich auf diesen Anruf gewartet. Also frage ich wieder nach. Er ist ganz erstaunt, dass seine Kollegin sich nicht gemeldet hat. Er verbindet mich direkt mit ihr. Sie nennt mir als Termin Montag, den 7. Dezember um 7:30 Uhr in Friedland beim BAMF Haus 16, also schon in 5 Tagen. Ich bin sehr überrascht. Das geht jetzt aber schnell!

Im Camp informieren wir sofort den jungen Iraker. Er reagiert relativ gelassen. Anne behandelt heute im Einzelunterricht mögliche Fragen und Antworten beim Interview.

Am Donnerstag versucht er, uns telefonisch zu erreichen. Wir rufen nicht zurück. Eigentlich müsste doch alles klar sein. Wir sind sehr gespannt, was am Montag passiert.

Auf dem Weg nach Sarstedt überlegen wir, wie wir uns verhalten, wenn er unsere Verabredung nicht einhält – es wäre nicht das erste Mal. Anne, mit ihrer pädagogischen Erfahrung und Autorität meint, dann müsse er die Konsequenzen tragen. Ich würde ihn wohl eher in seiner Parzelle suchen und wecken. Wir werden jedoch nicht vor diese Entscheidung gestellt. Er steht angemessen gekleidet mit Rucksack abfahrbereit vor der Hauptwache. Ich hatte letzte Woche der Security schon Bescheid gesagt, dass wir ihn heute um 5:30 Uhr abholen und mit ihm nach Friedland fahren.

Wir sind lange vor 7:00 Uhr im Grenzdurchgangslager (GDL) Friedland. Unser „Navi" hatte uns wieder über den holprigen Feldweg gelotst, den wir vor zwei Monaten schon kennengelernt hatten, als wir die beiden Liebenden zusammenführten.

Der Parkplatz füllt sich schnell und in der Aufnahmestelle vom BAMF wird es richtig voll. Offenbar haben alle ankommenden Flüchtlinge den gleichen Termin. Das verspricht lange Wartezeiten. Die meisten geben ihr Einladungsschreiben ab. Unser Iraker hat nur seine BÜMA mitgebracht. Er entdeckt sofort einen „Freund", mit dem er Mitte September bei seiner Ankunft in Friedland zusammengelebt hat. Die beiden haben viel miteinander zu bereden. Später erklärt er uns, dass ihm dieser Freund geholfen hätte, „im Lager besser unterzukommen."

Nach 2 ½ Stunden vergeblicher Wartezeit gehe ich in das gegenüberliegende Haus, um unseren ständigen Ansprechpartner hier bei der LAB persönlich kennenzulernen. Wir kennen die örtlichen Gegebenheiten von unserem wunderschönen Erlebnis der „Flucht aus Liebe" noch ganz genau. Ich hatte meinen Besuch bei ihm angekündigt und frage mich zu seinem Büro durch. Es ist ein kleiner Raum mit zwei Schreibtischen. Hier sitzt wohl auch sein Vertreter, mit dem ich ebenfalls schon öfter telefoniert habe. Er hat einen Praktikanten bei sich, sodass er sich ihm und mir gegenüber in Szene setzen kann. So erlebe ich direkt mit, wie es ist, wenn das Telefon klingelt und er nicht abhebt. Oder wenn er seinem Gesprächspartner erklärt, dass er „dafür" jetzt keine Zeit habe und sich darum im Augenblick nicht kümmern könne. Zu mir ist er recht freundlich. Wir kennen uns schon zu lange …

Neben anderen Sachen, die ich für diese Besprechung mitgebracht habe, bitte ich ihn um eine möglichst rasche Verteilung des Irakers, zusammen mit seinem „best friend" aus der Schlaf-Parzelle, in den Landkreis bzw. die Stadt Hildesheim. Er leitet diesen Wunsch sofort per Mail an die zuständige Sachbearbeiterin in Braunschweig weiter. Bis zum 14. Dezember, also bis Anfang nächster Woche müssten ohnehin „alle weg" sein, danach müsste die „Not"-Unterkunft wieder für neue Flüchtlinge zur Verfügung stehen.

Als ich zurückkomme, ist der Iraker noch beim Interview. Während ich drüben war, musste Anne erklären, wieso wir aus Sarstedt hierher zum BAMF gekommen wären.

„Sarstedt gehört doch überhaupt nicht zu Friedland!"

„Doch, die Notunterkunft in Sarstedt ist eine Außenstelle von Friedland!"

Nach Überprüfung und Bestätigung innerhalb der Behörde wurde die Zuständigkeit anerkannt, der Iraker zur Anhörung zugelassen und die Bearbeitung fortgesetzt. Dadurch wissen wir genau, dass dies mit Sicherheit das erste Interview eines Flüchtlings aus Sarstedt ist. Der Iraker ist demnach – und damit versuchen wir ihn fortan ein wenig stolz und selbstbewusst zu machen – „The Champion".

Er dagegen ist misstrauisch und aufgebracht. Seine Interviewerin sei eine Detektivin! Seine Fingerabdrücke hätte man ihm schon einmal in Österreich abgenommen!

Er wird erneut aufgerufen und kommt nach kurzer Zeit mit seiner „Aufenthaltsgestattung", längstens gültig bis 7. März 2016, sowie mit einem mehrseitigen Merkblatt zurück. Anfang des kommenden Jahres soll schon das zweite Interview zum Asylverfahren stattfinden.

Auf dem Weg zum Auto fragt er uns, ob wir zurück über Göttingen fahren könnten. Er habe sich um 12:30 Uhr mit einem Freund am Bahnhof verabredet, der ihm etwas übergeben wolle.

In Göttingen parken wir in der Nähe des Bahnhofs. Wir erzählen ihm, dass wir beide hier studiert hätten. Wir zeigen ihm den Marktplatz mit dem „Gänseliesel", das traditionell von Studenten geküsst wird und deshalb als das meistgeküsste Mädchen der Welt gilt; die alte Aula, in der die Professoren bis zu den „68ern", zu denen wir auch gehören, den „alten Muff ihrer Talare" zelebrierten sowie das Auditorium Maximum, in dem wir unsere Vorlesungen hörten.

Von unserem jungen Iraker erfahren wir heute, dass er gedrängt wird, in den Irak zurückzukehren und dort für sein Land zu kämpfen. Er ist noch unentschlossen. Er fürchtet, als Feigling, als schwacher Mann angesehen zu werden. Das ist sein Rollenverständnis als Mann und als neues Familienoberhaupt, nachdem sein Vater vermisst wird. Er möchte seinen Vater lieber tot wissen als durch Folter zu leiden.

Er hat Sehnsucht nach seiner Freundin, die den gleichen Namen trägt wie seine Schwester, 20 Jahre alt ist und Psychologie studiert. Sie kann nicht auf ihn warten und folgt ihm auch nicht, da sie im Irak verheiratet werden soll.

Seine Mutter ist Hausfrau – „wie üblich". Seine Schwester besucht die High School. Wir fragen ihn, ob er Dokumente über seine eigene Schullaufbahn und Abschlüsse besorgen könne. Er bejaht das und wir empfehlen ihm, sie so schnell wie möglich zu beschaffen.

Auf dem Weg zum Bahnhof, auf der Goetheallee, haben wir ein beglückendes Erlebnis: Wir sehen das Liebespaar wieder, das wir vor zwei Monaten in Friedland zusammengeführt haben.

Er trifft seinen „Freund". Es wird jedoch nichts übergeben, sondern sie reden längere Zeit aufeinander ein.

Auf dem Heimweg von Göttingen halten wir bei einem Aldi-Markt. Wir brauchen einige Sachen und der Iraker kauft sich eine Prepaid-Karte für sein Handy. Also steckt auch hinter seinen „Handy-Checks" ein System. Denn er klingelt immer nur kurz an und unterbricht sofort wieder, sodass man auf dem Display seine Nummer erkennen und er dann mit einem Rückruf rechnen kann.

Bis hierher war ich gefahren. Als nun Anne wie selbstverständlich auf der Fahrerseite einsteigen und für die Rückfahrt das Steuer übernehmen will, sieht er sie entsetzt an:

„Do *you* want to drive now?"

„Yes of course."

Er drückt sich verschämt auf der Rückbank in eine Ecke und erklärt uns: Eine Frau am Steuer und der Mann sitzt hinten – das gehe im Irak gar nicht!

Wir sind um 14:30 Uhr zurück in Sarstedt und sehen gleich in der Registratur im System der LAB nach. Der Iraker und sein Freund sind schon „zur Verteilung freigegeben".

Am Nachmittag sprechen wir zum ersten Mal mit dem neuen Einsatzleiter der Johanniter. Er äußert sich „begeistert" von unserer ehrenamtlichen Tätigkeit. So etwas hätte er sich auch an seinem vorherigen Einsatzort in Rosdorf gewünscht.

Am nächsten Tag vergewissere ich mich vorsichtshalber noch einmal bei der LAB Friedland, dass der Iraker mit seinem Freund, also beide zusammen verteilt werden.

Am Donnerstag um 11:00 Uhr ist Anne zum Einzelunterricht mit ihm verabredet. Er ist wieder nicht da. Ich suche ihn in seiner Parzelle. Er schläft fest, sein Freund im Bett gegenüber ebenfalls. Ich wecke ihn etwas unsanft. Er springt von der Matratze hoch und folgt mir sofort willig – so, wie er ist. Im Camp herrscht heute Panik: Der Norovirus ist ausgebrochen, wir kommen nirgendwo durch. Schließlich erreichen wir auf Umwegen den Unterrichtsraum.

Ich übergebe Anne den jungen Mann und gehe weiter zur Registratur auf demselben Flur, einige Türen weiter. Dort liegen die neuen Verteilungslisten für nächste Woche vor. Die Leiterin möchte unbedingt dabei sein, wenn ich ihm die freudige Botschaft überbringe. Also gehen wir zusammen und teilen ihm mit, dass er am 17. Dezember, also in einer Woche, zusammen mit seinem „best friend" in den Landkreis Hildesheim verteilt würde. Auch über die frühzeitige Verteilung kann er sich offenbar nicht richtig freuen. Er fragt sofort nach seinem zweiten Freund aus der Parzelle. Er hat ihn erst kürzlich kennengelernt. Es ist ein junger Iraker mit einem „Salafisten-Bart". Er habe gestern Abend noch lange mit ihm gesprochen und dabei festgestellt, dass dessen Familie in Bagdad in der Nähe seiner eigenen Familie wohne. Ich hatte ihn sofort nachgemeldet, er wurde aber nicht zur Verteilung für den 17. berücksichtigt. Wir sind ein wenig enttäuscht über seine Reaktion. Aber Anne sagt später, dass er die ganze Zeit über müde und lustlos gewesen sei.

Am Freitag erhalte ich mehrere SMS von ihm: Er fragt wieder, was nun mit seinem zweiten Freund geschehe. Ich antworte ihm, dass er hoffentlich mitkommen könne und ich inzwischen versucht habe, das in Friedland zu regeln. Er bitte um Nachricht. Wenn er mich das nächste Mal sehe, wolle er Genaueres wissen.

Für Montag war wieder Einzelunterricht vorgesehen. Anne möchte ihn aber vor der Verteilung nicht mehr unterrichten.

Dienstag wendet er sich an Anne:

„Was passiert mit meinem anderen Freund? Kommt er mit uns oder nicht?"

Am nächsten Tag, einen Tag vor der Verteilung und Abfahrt mit dem Bus, frage ich in der Registratur nach, ob es eine neue Verteilerliste gebe. Ja, aber der gesuchte Name stehe nicht darauf.

Am Tag der Verteilung erhalte ich um die Mittagszeit einen Hilferuf per SMS: Er sei jetzt in Hildesheim, wisse aber überhaupt nicht, was er hier solle und warte. Sie hätten ihm gesagt, sie könnten ihm nicht weiterhelfen. Er sei jetzt in der Anmeldung. Ob wir zu ihm kommen könnten. Er wisse nicht, was er tun solle.

Da ich gerade in einem Pflegeheim in der Nähe bin, eile ich zum Landkreis-Gebäude. Die beiden Iraker stehen unten vor dem Eingang. Ich gehe in die 2. Etage. Dort warten viele Flüchtlinge. Im Büro trage ich mein Anliegen vor.

„Wie heißen die beiden denn? – Ach, die habe ich gerade hier vor mir liegen und bearbeite sie. Die werden gleich von einem Sozialarbeiter abgeholt und in ihre neue Unterkunft gebracht, bekommen Geld usw. ..."

Ich gehe wieder nach unten und erkläre den beiden alles, auch mit der späteren Verteilung ihres zweiten Freundes und schicke sie wieder hinauf zum Warten, wie die anderen Flüchtlinge.

Zwei Stunden später meldet er sich. Es folgt eine äußerst intensive Kommunikation durch SMS über Handy – von seiner Seite aufgebracht und aggressiv, von unserer Seite beschwichtigend und beruhigend: Sie seien jetzt zu Viert wieder in einem Camp und er nennt mir eine Adresse in Lehrte. Das sei weit weg von Hildesheim.

Wieder zwei Stunden später: Er sei jetzt in einer Schule und morgen wolle er zurück nach Sarstedt; denn es sei dort zu schlecht.

Wir antworten, dass wir keinen Einfluss auf die Verteilung hätten. Lehrte sei zwar weit entfernt von Hildesheim, aber in der Nähe von Hannover. Vielleicht wäre das sogar besser für ihn und seine Zukunft sowie auch für seinen Freund. Wir bitten ihn inständig, seinen nächsten Schritt genau zu überlegen.

Seine Reaktion erfolgt prompt: Es sei wirklich zu schlimm, sie wollten morgen zurück in das alte Camp. Jetzt hier sei es schlecht – so schlecht. Danke für alles! Er hoffe, er werde uns wiedersehen.

Kurze Zeit später: Er erinnere sich, es sei weit entfernt von Hannover. Er sei in der Stadt Lamspringe. Es sei wirklich schlimm. Gute Nacht!

Ich frage ganz erstaunt nach, ob er nun in Lehrte oder in Lamspringe wäre.

Er sei jetzt in Lamspringe. Man hätte ihm Lehrte genannt. Aber er sei ganz sicher, dass er in Lamspringe sei.

Wenn er wirklich Lamspringe meine, das sei eine sehr hübsche kleine Stadt in der Nähe von Hildesheim. Und die Bürger von Lamspringe kümmerten sich sehr intensiv um Flüchtlinge und Asylsuchende.

„Ich bin in einer Schule mit 10 Leuten in einem Raum. Es ist wirklich schlimm. Leider muss ich das sagen: Es ist zu hart!"

Am Freitag um die Mittagszeit meldet er sich wieder: Er hätte ihnen gesagt, dass er zurück nach Hildesheim wolle. Sie hätten ihm geantwortet, dann würde er eben auf der Straße bleiben. Das hätte ihn auf den Gedanken gebracht, zurück in den Irak zu gehen. Er wisse nicht, was er tun solle. Wir sollten ihm bitte helfen. Ob wir nicht wüssten, was er nun machen solle? Er sei ganz verzweifelt und brauche unseren Rat. Er hätte doch niemanden außer uns und ich wäre für ihn wie ein Vater.

Die Antwort wird schwierig: Er müsse wissen, dass im Januar alle Flüchtlinge aus Sarstedt verteilt würden. Sie wären außerordentlich glücklich gewesen, als sie dies hörten. Aber niemand könne sagen, wohin die Reise jetzt gehe. Das hänge von den freien Plätzen über das Land verteilt ab. Wir hätten keinen Einfluss auf diese Entscheidung. Und er solle bitte nicht vergessen: Niemand sei weiter als er. Er könne den Schlüssel in seinen Gedanken finden. Wolle er wirklich in Deutschland bleiben? Das Leben eines Flüchtlings sei hart, aber eine Chance für diejenigen, die nach vorn blicken.

Er erwidert: Es sei zu schlimm. In Sarstedt hätten sie einen Raum zu dritt gehabt, hier in der Schule wären 10 in einem Zimmer. Außerdem hätten sie kein Internet für den Kontakt mit ihren Familien. Es sei schrecklich, in Sarstedt wäre es besser gewesen.

Sonntagmittag kommt der nächste dringende Appell: Bitte helft uns und sucht für uns ein freies Haus in der Nähe von Hildesheim. Wir werden euch das nicht vergessen.

Wir antworten am Abend, dass wir – wie schon mehrfach gesagt – nur Ehrenamtliche seien, keine Beschäftigten der LAB oder des BAMF in Friedland, auch nicht der Ausländerbehörde in Hildesheim, die nun für sie zuständig wäre. Deshalb könnten wir auch keine Unterkunft für Flüchtlinge aussuchen oder bestimmen. Das sei Aufgabe des Landes Niedersachsen oder der Kommune. „Wenn ihr später einen Job findet und Geld verdient, könnt ihr euch eine hübsche Wohnung leisten. Ihr solltet fleißig sein und viel für eure Ausbildung tun. Das wird euch Türen öffnen!! Fangt mit einem ‚Praktikum' an!"

Danach ist es still. Wir hören tagelang nichts mehr von ihm. Erst am Nachmittag des ersten Weihnachtstages meldet er sich wieder: „Frohe Weihnachten und ein glückliches neues Jahr. Ich wünsche euch alles Gute."

Wir antworten Silvester gegen Abend: „Hallo … guten Rutsch ins Neue Jahr, Glück und viel Erfolg für 2016. Vielen Dank für die Weihnachtsgrüße. Wir werden uns im nächsten Jahr wiedersehen."

Als wir am Montag, dem 11. Januar ins Camp kommen, werden wir draußen vor Halle 1 von mehreren jungen Männern ungewöhnlich „angeflachst". Wir können uns das zunächst nicht erklären. Die Auflösung ergibt sich innen in Halle 3: Dort sitzt auf einer Bank, wie früher mit Turnhemd, kurzen Shorts und barfuß in Flip Flops, unser junger Iraker, von dem wir dachten, dass er sich inzwischen in Lamspringe „eingelebt" hätte. Er grinst und meint, er wäre schon drei Tage nach seiner Verteilung – demnach am 20. oder 21. Dezember – wieder hier in der Notunterkunft gewesen. Also hat er uns sogar seine Weihnachtsgrüße per SMS schon wieder aus Sarstedt geschickt und wir hatten keine Ahnung …

Anne gibt ihm sehr deutlich zu verstehen, dass das nicht rechtmäßig wäre. Um sie herum steht eine ganze Gruppe junger Männer, einschließlich seiner Freunde und der jungen Männer, die wir schon vor der Halle getroffen haben. Sie lachen über die ernsten Ermahnungen.

Inzwischen bin ich mit der syrischen Assistentin der Einsatzleitung weitergegangen und spreche sie auf ihn an. Sie weiß, dass er wieder da ist. Meine Frage, ob er denn eine neue Lauf-Karte für das Camp hätte, verneint sie. Ich mache sie auf die Residenzpflicht und die rechtlichen Umstände nach der Verteilung aufmerksam. Ich warne sie auch vor den großen Problemen, die entstehen können, wenn jetzt bei der aktuellen massenhaften

Verteilung einige mit ihrer neuen Unterkunft nicht einverstanden wären und einfach zurückkommen und wieder aufgenommen würden, und vor allem, wenn sich herumsprechen würde, wie einfach das ginge.

„Es kommt noch viel Ärger und Arbeit auf Euch zu!"

Außerdem spreche ich sie noch einmal auf das Problem der immer noch nicht stattfindenden Erstinterviews durch das BAMF an. Ich empfehle ihr dringend, den Einsatzleiter darauf anzusprechen. Denn das wäre mindestens ebenso wichtig wie die Verteilung.

Zwei Tage danach forsche ich, wie dies alles möglich sein konnte, und frage in der Verwaltung nach. Im System steht, dass die beiden Freunde „seit 17.12.2015 abwesend" sind – das war der Tag der Verteilung. Im System steht aber auch: „21.12.2015 2. Karte erstellt". So einfach geht das!

Am 13. Januar wird der junge Iraker neu verteilt. Keiner kann mir sagen, wohin. Die Verwaltung kann nur bestätigen, dass er seine Laufkarte abgegeben habe und mit dem Bus abgereist sei.

Ich erstatte Bericht an die Einsatzleitung. über die Sonderstellung und bevorzugte Behandlung einiger Flüchtlinge im Camp sowie über die Deckung offensichtlichen Unrechts. Wir fühlen uns – gelinde gesagt – „veralbert" und drohen unter diesen Umständen mit der Niederlegung unseres Ehrenamtes. Man gibt sich überrascht und erschreckt und verspricht Aufklärung.

Tatsächlich bewegen wir etwas: Die „alten" Fälle werden aufgedeckt und aufgearbeitet. Ein neuer „Hausausweis" wird eingeführt und es soll künftig ein ständiger Abgleich der Listen stattfinden zwischen denen, die anwesend sein müssten und denjenigen, die tatsächlich anwesend sind.

Eine Woche nach ihrer erneuten Verteilung kontrollieren der stellvertretende Einsatzleiter und ein Kollege in Elze, ob sie dort auch tatsächlich angekommen sind und dass sie nunmehr ihrer Residenzpflicht nachkommen.

Der junge Iraker will sich bei uns entschuldigen. Zunächst wollte er nach England. Jetzt will er nach Kanada, weil dort der Nachzug seiner Familie leichter wäre.

Anfang Februar erkundigt er sich nach unserem Befinden und meint, er habe eine Menge Zeit und vermisse uns, aber es wäre alles okay.

Wir bedanken uns für seine Nachricht und erzählen ihm, dass wir mit den Flüchtlingen in Sarstedt eine Menge zu tun hätten. Viele von ihnen brauchten Hilfe und wollten vor allem die deutsche Sprache erlernen. Das sei großartig!

Er bedankt sich noch einmal. Es tue ihm leid und er wünsche uns alles Gute.

Mitte Februar sieht der stellvertretende Einsatzleiter in Elze erneut nach ihnen. 15 Flüchtlinge bewohnen ein Haus mit 3 Zimmern.

Der Iraker ist unzufrieden.

„Ich brauche WLAN!"

Einige Tage später sendet er erneut einen Hilferuf an den Johanniter:

„Hast du Zeit. ich brauche Hilfe?"

Als er bei ihm auch nicht weiterkommt, erinnert er sich wieder an uns:

„Hallo, ich hoffe, euch geht es gut …"

Kriminelle Energie

In der Notunterkunft Sarstedt hat es sich herum-
gesprochen, dass wir „für freiwillige Rückkehr
zuständig" sind, zumindest wissen, wie es geht
und uns darum kümmern. Die Registrierung der
Flüchtlinge ist jetzt einige Tage im Gange. Die
Vorgehensweise hat sich eingespielt: Die Sanitätsstation fährt eine größere Gruppe mit dem Bus
zum Röntgen nach Hildesheim. Dann stellt sie eine
namentliche Liste mit 20 Flüchtlingen zusammen,
die an der Glastür zum oberen Stock, wo die Registrierung stattfindet, angeschlagen wird. Vor der
Tür versammeln sich die aufgerufenen Flüchtlinge
und werden dann stoßweise von der Security nach
oben gelassen. 20 Registrierungen, das ist zurzeit
das Tagespensum. Es lässt sich errechnen, wie lange dann insgesamt – bei einer aktuellen Belegung
von etwa 1400 Flüchtlingen – dieser Vorgang dauern könnte.

Diesmal wird uns direkt von der Registratur ein
neuer Fall angetragen: Ein Afghane will zurück. Er
hat keinen Pass und kein Geld. Er müsste sich also
selbst einen Passersatz bei der Botschaft in Berlin
besorgen. Kann er das bezahlen? Friedland rät aus
eigener Praxis, er möge sich einen Vorschuss auf
sein Taschengeld geben lassen. Sie würden dann
eine Reiseerlaubnis von Sarstedt nach Berlin ausstellen.

Als wir in das Camp kommen, erfahren wir Näheres. Der Afghane spricht und versteht nur Farsi. Sein „Matratzen-Nachbar" begleitet ihn und dolmetscht auf Englisch seine Geschichte: Er ist 23 Jahre alt, ledig und schon einige Tage in der Notunterkunft. Er ist allein geflohen, seine Familie ist in Afghanistan geblieben. Nun ist angeblich sein Vater gestorben und deshalb müsse er als einziger Sohn und neues Familienoberhaupt zu seiner Familie nach Kabul zurückkehren. Er macht einen bedauernswerten Eindruck und leidet offensichtlich unter seiner Situation. Er wirkt jedenfalls ehrlich und auch der Dolmetscher scheint direkt zu übersetzen und nicht ständig das Gesagte so zu interpretieren, wie er es für richtig hält.

Der Dolmetscher spricht sehr gut Englisch, kommt auch aus Afghanistan, ist Journalist und möchte sich in Deutschland eine neue Zukunft aufbauen. Bekannte von ihm wohnen in Hamburg und er möchte deshalb ebenfalls so rasch wie möglich nach Hamburg.

Wir haben uns in einen Unterrichtsraum zurückgezogen. Ich fülle nun zum ersten Mal einen Antrag für die Internationale Organisation für Migration und Flüchtlinge (IOM) zur Finanzierung der freiwilligen Rückkehr aus. Es zeigt sich, dass der Afghane weder lesen noch schreiben kann. Gemeinsam kämpfen wir uns durch das Formular. Für die Unterschrift schreibt Anne mit Kreide seinen Nachnamen in Druckbuchstaben an die Tafel

und er versucht mit großer Mühe die Striche abzu-
gucken und auf das Papier zu übertragen. Uns
wird klar, dass wir ihn unmöglich allein zur Botschaft nach Berlin schicken können. Das geht wohl
nur in Begleitung des Dolmetschers. Doch wer soll
das bezahlen? Friedland sagt, das ermögliche ein
Vorschuss auf das Taschengeld, aber Taschengeld
gibt es für die Flüchtlinge in Sarstedt überhaupt
noch nicht. Und kann man dem Dolmetscher zu-
muten, die Begleitung aus eigener Tasche zu bezahlen? Erst einmal gebe ich den ausgefüllten
IOM-Antrag per Boten mit nach Friedland, zusammen mit allen anderen Registrierungs-
Unterlagen des heutigen Tages.

Gleich am nächsten Morgen bestätigt Friedland
den Eingang des Antrags und zugleich die not-
wendige Vorgehensweise: Antragstellung bei IOM
nur mit gültigen Ausreisepapieren, also zuerst zur
Botschaft nach Berlin, Reiseerlaubnis und An-
schreiben für die Botschaft würden von Friedland
erstellt. Die Kosten für die Reise nach Berlin müsse
er selbst tragen, z.B. durch den erwähnten Vorschuss auf sein Taschengeld für vier Wochen, solange dauere etwa die Bearbeitung des IOM-
Antrags. So jedenfalls handhabe es Friedland, es
gebe keinen „Topf" dafür. Eventuell könne auch
eine Rückerstattung durch die Zuschüsse bei Ausreise erfolgen. Dann gebe es noch einmal 200 Euro
Reisekosten und 750 Euro „Starthilfe" für die
Rückkehr in das Heimatland. Die Begleitung

durch den Dolmetscher, falls überhaupt erforderlich, müsse ebenfalls selbständig und auf eigene Kosten erfolgen.

In meiner Not wende ich mich wieder einmal an Braunschweig und frage um Rat, obwohl die Zuständigkeit schon vor einiger Zeit an Friedland übergegangen ist. Unser Kooperationspartner in Braunschweig meint spontan, Afghanen seien seine Spezialität – und Iraker; denn die beiden Botschaften lägen dicht beieinander. Nächste Woche fahre er wieder nach Berlin. Ich frage ihn einfach, ob er noch Plätze frei habe. Ja, noch drei Plätze. Ob er denn zwei von uns mitnehmen könne. Er bejaht. Ich erkläre ihm, dass es sich um einen Afghanen handele, der zurückwolle, sich dabei aber so hilflos anstelle, dass er unbedingt seinen Farsi-Dolmetscher als Begleitung mitnehmen müsse.

Wir tauschen ein wenig unsere Erfahrungen aus, wobei er natürlich schon wesentlich mehr zu berichten hat als ich. Wir sind uns jedoch einig, dass es manchmal unglaublich erscheint, wie jemand Tausende von Kilometern, Strapazen und Leiden auf seiner Flucht bewältigen konnte und sich hier plötzlich so hilflos gibt und ganz schnell wieder nach Hause möchte.

Braunschweig braucht für diese Aktion einen formellen Antrag von Friedland mit der Bitte um kollegiale Unterstützung bei der Passersatzpapierbeschaffung, am besten und schnellsten per E-Mail. Wir stimmen die Formulierung ab und ich leite den gewünschten Wortlaut nach Friedland weiter.

Ich informiere die beiden und wir überlegen gemeinsam, wie wir es schaffen können, dass sie pünktlich um 6:00 Uhr in Braunschweig zur Abfahrt nach Berlin bereitstehen. Ein Transport durch die Johanniter ist nicht möglich. Also geht es eigentlich nur, wenn sie am Nachmittag davor anreisen und irgendwie dort übernachten. Ich werde es mit unserem Kooperationspartner besprechen. So verabschieden wir uns ins Wochenende.

Montagmorgen berichte ich Braunschweig von unserem Plan, heute anzureisen und gleich vor Ort zu übernachten. Er meint, es sei zwar grundsätzlich nicht erlaubt und gern gesehen, aber in diesem Fall wohl unumgänglich. Er werde an der Wache Bescheid sagen, damit sie hereingelassen werden. Außerdem passe es jetzt ganz gut, weil noch ein Afghane mitfahre, der auch nur Farsi verstehe und spreche. Er schildert seine IOM-Erfahrungen. Wenn man gute Kontakte nutze und es dringend mache, bekäme man innerhalb weniger Tage nach PEP-Erstellung ein Ticket.

Am Nachmittag ruft der Dolmetscher an: Sie seien jetzt am Hauptbahnhof in Braunschweig angekommen, wie es nun weiterginge. Ich hatte ihnen vorher den Weg genau aufgezeichnet: Vom Hauptbahnhof zum LAB-Camp zu Fuß 7,1 km/1 Std. 29 Min, per Bus immerhin auch über 40 Minuten. Ich empfehle ihm, sein Handy-Navi zu benutzen oder die Passanten zu fragen und um Hilfe zu bitten. Ich beruhige ihn: Die Wache – „guide" – wisse Bescheid, sie bekämen dort auch Essen und könnten irgendwo übernachten, sollten aber morgen früh wirklich um 6:00 Uhr bereitstehen. Außerdem vergewissere ich mich noch einmal, dass sie ihre Dokumente bei sich haben.

Am nächsten Morgen werde ich von unterwegs angerufen. Sie seien mit 1 Iraker, 2 Syrern und 3 Afghanen auf dem Weg nach Berlin. Ob unser Afghane keine „identity-card" besitze? Diese sei eigentlich wichtiger als der Pass. Ohne wäre es noch schwieriger bei der Botschaft, aber er versuche alles. Im Übrigen sei die Hinfahrt und die Unterbringung der beiden heute Nacht offenbar gut gelaufen.

„Sie sehen noch ziemlich frisch aus."

Und morgen früh werde er mir berichten.

Gegen Mittag – wir sind gerade in der Innenstadt von Hildesheim – meldet sich die afghanische Botschaft auf meinem Handy. Ein Mann fragt in gebrochenem Deutsch, ob das alles seine Richtigkeit habe, wie meine Funktion sei und wer die Rückreise finanziere – die IOM ist ihm offenbar unbekannt – und nach einigen Minuten zum zweiten Mal: Auf der Liste ständen zwei Personen …? Ich bitte ihn, noch einmal Rückfrage bei dem Afghanen und dem Dolmetscher zu halten, er hängt ab und nach etlichen Minuten kommt die Antwort: „Alles in Ordnung."

Früh am nächsten Morgen berichtet Braunschweig: Ein Passersatzpapier (PEP) habe es nicht gegeben, es müsse ein neuer Reisepass ausgestellt werden. Das sei nur möglich, wenn seine Angaben in Afghanistan überprüft würden und das könne drei bis vier Wochen dauern. Wenn der neue Pass dann da wäre, würde er nach Braunschweig geschickt und von dort nach Friedland weitergeleitet.

Als ich später das Ergebnis Friedland mitteilen will, ist dort alles schon bekannt. Braunschweig war mir zuvorgekommen.

Bereits einige Tage später fragt mich der Dolmetscher, wo denn nun der neue Pass bleibe. Er macht mich darauf aufmerksam, dass sein „afghanischer Freund" in seinem Heimatland auch unter anderem Namen bekannt sei. Vielleicht erleichtere das die Nachforschungen der afghanischen Botschaft, beschleunige die Identitätsfeststellung und damit die Ausstellung des Ersatzpasses. Der Dolmetscher selbst ist bis heute noch nicht einmal registriert.

Drei Tage später erfahre ich, dass der Afghane mit seinem Dolmetscher schon wieder zweimal in der Registrierung gewesen ist und nach seinem Pass gefragt hat. Immerhin wurde der hilfreiche Dolmetscher jetzt wenigstens selbst registriert. Er möchte gern nach Hamburg zu Verwandten verteilt werden. Das wird schwierig, weil Hamburg ein anderes Bundesland ist und die Sarstedter

Flüchtlinge nur innerhalb von Niedersachsen verteilt werden können.

Ich erfrage ständig in Braunschweig den neuesten Stand in der Passangelegenheit. Und erhalte immer die gleiche Antwort: Man könne das Verfahren nicht beschleunigen. Bei den Afghanen „läuft es, wie es läuft." Auch ein frankierter Rückumschlag würde nichts nutzen.

Er hat jetzt aus seiner Heimat über Handy eine Kopie seines Personalausweises erhalten – alles auf Farsi, für uns nicht entzifferbar, aber vom Dolmetscher als authentisch bestätigt. Ich schicke das Dokument sofort per Mail nach Braunschweig mit der Bitte um Weiterleitung an die Afghanische Botschaft in Berlin. Braunschweig will einen neuen Versuch starten; vielleicht wäre jetzt ein Pass-Ersatz-Papier (PEP) statt eines neuen Passes möglich. Aber versprechen könne man nichts. Man müsse abwarten; andere warteten auch schon lange und würden allmählich ebenfalls unruhig.

Einen um den anderen Tag sucht er – zusammen mit seinem Farsi-Dolmetscher – die Registrier-Abteilung auf und fragt dort sehr aggressiv nach seinem Pass. Alle sind schon ganz verzweifelt und bitten mich um Hilfe. Ich habe aber auch keine Neuigkeiten und versuche immer und immer wieder, ihnen das zu erklären und plausibel zu machen.

Als wir am 2. Dezember ins Camp kommen, hören wir in der Registratur, dass es gestern Abend bis 21:00 Uhr und heute Nacht von 1:00 bis 4:00 Uhr eine Massenschlägerei gegeben habe. Auch heute Morgen hätten die Flüchtlinge erneut randaliert. Vom Fenster aus sieht man auf dem Gelände mehrere Polizeifahrzeuge. Die Flüchtlinge stehen in Gruppen zusammen und diskutieren offensichtlich heftig miteinander. Als wir nach unten kommen, löst sich aus einer Gruppe der Dolmetscher des Afghanen und kommt auf uns zu:

„He is arrested!"

Das klingt aber gar nicht erschrocken, sondern eher erleichtert. Der Dolmetscher selbst schmunzelt bei dieser Mitteilung und seine Gruppe lacht. Offenbar freut man sich, dass man einen allzu lästigen Mit-Flüchtling endlich losgeworden ist. Wir erfahren, dass er wohl in die Schlägerei verwickelt gewesen sei.

Am nächsten Tag berichtet die Hildesheimer Allgemeine Zeitung:

„75 Polizisten stoppen Schlägerei unter Flüchtlingen

Sarstedt (ph) - Bis in die Abendstunden versuchten die Beamten, die Randale zu schlichten, in die rund 160 Asylbewerber verwickelt gewesen sein sollen. Elf Beteiligte wurden vorläufig festgenommen. Gegen sie wurden Anzeigen wegen gefährlicher Körperverletzung geschrieben. Ein Mitarbeiter eines Sicherheitsdienstes wurde leicht verletzt.

Um 13.30 Uhr am Mittwoch wurde die Polizei vom Sicherheitsdienst in der Unterkunft auf dem ehemaligen Gelände eines Edeka-Lagers alarmiert. Von einer lautstarken Rangelei unter den Flüchtlingen sei die Rede gewesen, hieß es, von Prügeleien, 160 Personen seien beteiligt. Die Beamten rückten mit allen verfügbaren Einsatzkräften aus Sarstedt und Umgebung an und riefen ihrerseits Verstärkung aus Hildesheim. Auch die Bereitschaftspolizei aus Hannover rückte zur Unterstützung an. Insgesamt waren am Ende 75 Beamte im Einsatz, um die Lage zu beruhigen.

Die Stimmung vor Ort sei aufgeheizt gewesen, heißt es. Die Beamten versuchten, die Situation zu beruhigen. Nach Auskunft von Kommissariatsleiter [...] ist die Ursache für die Schlägerei bisher "nebulös", einen Streit mit religiösem Hintergrund schließt die Polizei allerdings aus. Womöglich sei es um die Unterbringung gegangen.

Abgesehen von dem Mitarbeiter der Sicherheitsfirma ist bislang nichts von weiteren Verletzten bekannt. Der Einsatz dauerte bis in die Abendstunden, mehrere Beamte blieben in Bereitschaft dort. Am Donnerstag soll die Objektwache, die die Polizei auf dem Gelände unterhält, die Lage übernehmen.

In der Notunterkunft gab es bereits mehrere Polizeieinsätze - dies sei jedoch der schwerste Zwischenfall gewesen, sagte Kommissariatsleiter [...]."

Auf meinem Handy meldet sich ein Herr und gibt sich als „Onkel" des Afghanen aus. Er spricht gebrochen Deutsch. Er berichtet, der Afghane sei gestern festgenommen, mit Handschellen abgeführt worden und sei jetzt in Haft. All seine Sachen seien noch in seiner Parzelle in Sarstedt. In den Taschen sei auch Geld. Wann gebe es das nächste

Taschengeld? Wie viel Geld bekommt er bei der Ausreise?

Dem „Onkel" geht es offenbar nur um Geld. Ich erkläre ihm den aktuellen Stand bei der Passbeschaffung und die weitere Vorgehensweise. Angeblich hat er zweimal versucht, ihn zu besuchen. „Ich werde nicht reingelassen."

Merkwürdig: Vorher gab es überhaupt keine Kontaktperson hier in Deutschland und jetzt?

Am Freitag versuche ich, den Einsatzleiter zu erreichen. Es heißt, er sei seit gestern „nicht mehr da." Man nennt mir den Namen des neuen Einsatzleiters der Johanniter und sagt seinen Rückruf in etwa einer halben Stunde zu.

Unterdessen spreche ich mit unserem Kooperationspartner in Braunschweig und erfahre, dass er gestern in der afghanischen Botschaft in Berlin war. Es habe ein „intensives" Gespräch über die schleppende Passerstellung gegeben. Die Botschaft habe ihm gesagt, dass eine Umstellung auf handgeschriebene Ausfertigung erfolgen solle. Dann ginge alles viel schneller. Er habe auch unseren speziellen Fall in Berlin angesprochen. Es gebe noch nichts Neues über diesen Pass, andere Flüchtlinge seien ebenso betroffen. Ich berichte ihm über die neuesten Vorkommnisse in Sarstedt.

Von unseren Vertrauten in der Registrierung hören wir, dass der Afghane jetzt in Rosdorf oder Duderstadt sei und nicht zurück nach Sarstedt komme. Darüber äußert man große Erleichterung, da gerade dieser Afghane ihnen in letzter Zeit wohl sehr auf die Nerven gegangen ist und allmählich unerträglich wurde. Auch der Security-Leiter soll beteiligt gewesen sein und zugeschlagen haben. Ob der bisherige Einsatzleiter selbst „hingeschmissen" hat oder „gefeuert" wurde, weiß man nicht. Es gibt nur Vermutungen. Man ist zumindest nicht traurig über diese Entwicklung; denn zwischen Johannitern, auch dem stellvertretenden Einsatzleiter, und der LAB Friedland gab es in letzter Zeit erhebliche Spannungen, die sich negativ auf die Zusammenarbeit mit der Registratur im Camp ausgewirkt hatten.

Statt des neuen Einsatzleiters, aber auf seine Veranlassung ruft ein Herr von der Stadt Sarstedt an und berichtet, dass alle „Randalierer" jetzt in Friedland seien und nicht zurück nach Sarstedt kämen. Die Ermittlungen würde die Polizeidirektion in Hildesheim durchführen. Da wir gerade in der Stadt unterwegs sind, geben wir unsere Visitenkarten an der Polizeiwache ab und bieten unsere Mithilfe und unser Hintergrundwissen an.

Als wir einen jungen Iraker zum Erstinterview beim BAMF nach Friedland begleiten und ich bei dieser Gelegenheit persönlich bei der LAB im Nachbargebäude vorspreche, bestätigt mir unser Ansprechpartner, dass 12 Flüchtlinge von der Massenschlägerei in Sarstedt jetzt im GDL Friedland untergebracht seien, darunter auch der Afghane, der freiwillig zurück wolle und dessen IOM-Antrag er bearbeite.

Am Abend ruft der „Onkel" wieder an und fragt sehr aggressiv nach dem Pass. Er weiß auch schon wieder, dass Anne sich mit einem „Kollegen" über seine Sachen unterhalten hat, die im Camp liegengeblieben sind. Ich erkläre ihm erneut, dass alles so weiterliefe wie bisher und sich noch nichts Neues ergeben habe.

Am nächsten Tag rufe ich in Braunschweig an. … Das habe er schon fast befürchtet. Er komme gerade von der afghanischen Botschaft in Berlin und hätte nach den Papieren für unseren Afghanen gefragt – ohne Ergebnis. Sein Kollege fahre am kommenden Donnerstag nach Berlin und würde wieder nachfragen.

„Wie weit ist denn das neue Verfahren?"

Er lacht.

„Ich habe einen neuen Fall: Ein Afghane ohne Pass und ohne Geld, der freiwillig zurück will."

Okay, er würde eine Akte anlegen und ihn bei seiner nächsten Tour in einer Woche, kommenden Dienstag, zur Botschaft nach Berlin mitnehmen. Er brauche nur eine Mail von der LAB Friedland mit der Bitte um Amtshilfe. Und wenn er am Abend vorher anreise, möge ich bitte rechtzeitig Bescheid sagen. So reibungslos geht das inzwischen!

Ein Polizeibeamter aus Sarstedt meldet sich. Er sei für den randalierenden Afghanen zuständig, der inzwischen von Friedland nach Duderstadt verlegt sei. Er würde jetzt dafür sorgen, dass seine Sachen aus der Parzelle gepackt und nach Duderstadt gebracht werden. Ich berichte ihm von den mysteriösen Anrufen des „Onkels". Er schlägt vor, bei einem erneuten Anruf den „Onkel" an ihn zu verweisen.

Unser Partner aus Braunschweig – gerade wieder aus Berlin zurück – berichtet, dass der Pass für den Afghanen immer noch nicht fertig, aber ein neuer Pass für ihn positiv entschieden und in Arbeit sei. Es gebe jetzt wieder ein neues Verfahren: Die Afghanen bekämen grundsätzlich kein PEP, sondern neue Pässe. Diese würden zentral in Bonn gedruckt. Wenn sein Pass fertig wäre, käme er per Post nach Braunschweig und er würde ihn dann direkt an die LAB Friedland weiterleiten.

Ich spreche ihn auf die „Starthilfe" in Höhe von 750 Euro für Afghanen bei freiwilliger Rückreise an, die sie von der IOM neben Ticket und Reisegeld erhalten. Das liege im Ermessen des Sachbearbeiters. Er gewähre es kaum noch, nur bei Sonderfällen, z.B. Krücken usw., sonst nicht mehr, vor allem dann nicht, wenn Flüchtlinge auffällig oder ihn ärgern würden, oder wenn sie genau davon wissen und darauf pochen. Also sollte man unserem Afghanen bzw. seinem „Onkel" die Starthilfe verwehren.

Am nächsten Abend, „rechtzeitig" vor dem Wochenende, meldet sich der „Onkel":

„Der Pass ist fertig und kann in der afghani-schen Botschaft abgeholt werden!"

Am darauffolgenden Montag geben wir unse-rem „neuen Fall", der morgen nach Berlin mitge-nommen wird und heute Nachmittag schon nach Braunschweig fährt, eine genaue schriftliche Anlei-tung mit auf den Weg: Mit Zug-Abfahrtszeiten aus Sarstedt, mit Google-Map-Wegbeschreibung vom Hauptbahnhof Braunschweig zur LAB, alternativ zu Fuß (1 ½ Stunden) oder mit dem Bus (45 Minu-ten), Telefonnummern der Ansprechpartner bei der LAB, Hinweis an die Security, Treffpunkt und genaue Abfahrtszeit am nächsten Morgen nach Berlin und eine große Aufforderung an Passanten in Deutsch, ihm zu helfen; denn er kann nur Farsi. Heute Morgen bekommt er noch Taschengeld.

Mittwoch früh erhalte ich den Bericht:

Der „neue" Afghane hat gestern schon seinen Pass bekommen. Er scannt und leitet ihn sofort an Friedland weiter, damit der IOM-Antrag heute noch gestellt werden kann. Der Buchungsschluss für Flüge nach Afghanistan ist am Freitag, also in zwei Tagen.

Dagegen ist der Pass für unseren „Spezialfall" immer noch nicht fertig. Der elektronische Pass soll bis zu sechs Wochen dauern. Der Afghane war vorgestern, am Montag, selbst in der Botschaft in Berlin und hat „Ramba-Zamba" gemacht.

„Ist es möglich, dass er seinen Pass direkt be-kommt?"

„Normalerweise nicht, könnte aber sein. Zumindest erfahren wir es. Dann gibt es eben keinen IOM-Antrag."

Am nächsten Tag ist wieder der „Onkel" am Telefon:

Der Pass wäre fertig und könnte in der afghanischen Botschaft abgeholt werden.

Das hätte er doch schon letzten Freitag gesagt und wäre dann am Montag in Berlin gewesen ...

Nein, nicht er, sondern der Afghane mit einem Kumpel.

„Noch einmal: Der Pass geht per Post nach Braunschweig, dann nach Friedland, dann wird der IOM-Antrag gestellt ..."

„Nein, er muss abgeholt werden."

„Nun lassen Sie uns das mal machen!"

Ich bespreche mit Friedland, wie wir die Verweigerung der „Starthilfe" bei der Ausreise regeln könnten. Er habe das bisher noch nicht gemacht, stelle grundsätzlich den IOM-Antrag mit Startgeld. Es ginge wohl nur, wenn er ein Kreuz bei „Missbrauch" machen würde.

Nach Weihnachten fragt der „Onkel" natürlich wieder nach dem Pass. Ich erkläre ihm den „normalen" Verlauf nun zum „soundsovielten" Male. Er versteht es nicht oder will es nicht verstehen.

In den ersten Tagen des neuen Jahres fährt unser Kooperationspartner aus Braunschweig mit 5 Afghanen zur Botschaft nach Berlin. Alle bekommen sofort ihre Pässe. Die Pässe unseres Afghanen und eines „Leidensgenossen" aus Braunschweig, der ebenso dringend darauf wartet, sind immer noch nicht da. Liegt es an der Technik der elektronischen Herstellung, am Transfer von Bonn nach Berlin? Bei der Botschaft versteht man es selbst nicht mehr.

In den nächsten Tagen werden wir mehrfach von seinen „Kumpeln", aber auch von Afghanen, die wir vorher noch gar nicht kannten, auf ihn angesprochen. Auch ein ganz neuer „Kümmerer" hat sich inzwischen zweimal über Handy gemeldet. Wir merken allmählich, welches „Netzwerk" sich dieser anfangs so „schüchterne" Afghane inzwischen aufgebaut hat. Und natürlich meldet sich der „Onkel" ebenfalls ständig – immer mit der Behauptung, der Pass sei jetzt fertig und könne abgeholt werden. Einmal beharrt er so penetrant auf seiner Behauptung, dass ich nicht nur widerspreche, sondern mir weitere Anrufe verbitte und zwei weitere Versuche von ihm einfach abbreche.

Mitte Januar bekomme ich Nachricht, dass der Pass nun endlich per Post in Braunschweig gelandet sei, er werde ihn sofort nach Friedland weiterreichen. Natürlich hätte gestern der „Cousin" – mein „Onkel" ist für ihn der „Cousin" – auch bei ihm angerufen. Er hätte ihn zurechtgewiesen und dann einfach aufgelegt. Das scheint das einzige Mittel gegen diesen „Telefon-Terror" zu sein.

Unser „neuer" Afghane, der viel später dazu gekommen war, ist inzwischen schon wieder zu

Hause. Vor Weihnachten hatte es leider wegen des verpassten IOM-Buchungsschlusses nicht mehr geklappt, aber jetzt – Mitte Januar – flog er, ausgestattet mit zusätzlich 200 Euro Fahrtkosten und 500 Euro Startgeld, im alten Jahr waren es noch 750 Euro, nach Kabul.

Am 10. Februar war endlich auch der „alte" Afghane an der Reihe. Er ist zurück nach Kabul geflogen. Ich erfahre das erst zwei Tage später, zumal in der Zwischenzeit der „Onkel" und sein „Netzwerk" uns in Ruhe gelassen hatten. Ich frage nach der „Starthilfe". Er hat sie doch bekommen. Friedland erklärt mir, dass der Afghane öfter bei ihm gewesen und wesentlich friedlicher geworden wäre.

„Die Starthilfe war nicht mehr rückgängig zu machen."

Später, er ist längst wieder zurück in Kabul, erfahre ich von der Polizei:

„Er hat in Duderstadt auch wieder Randale gemacht und sich auffällig benommen, um auf sich aufmerksam zu machen."

„Wirtschaftsflüchtlinge"

Donnerstag, 8. Oktober 2015

Diesmal werden wir nicht, wie am ersten Tag, zu einer Sterbebegleitung gerufen, sondern wir sind gerade mit einer Sterbebegleitung in Diekholzen beschäftigt, als uns ein Notruf von der Einsatzleitung in Sarstedt erreicht:

„Hier ist ein Notfall – eine syrische Frau ist fertig mit den Nerven und dreht durch, sie ist sehr hübsch und wird vergewaltigt – können Sie sofort kommen?!"

Eine Stunde später sind wir in Sarstedt.

Wir werden zur Sanitätsstation, von dort zum Jugendamt eine Etage höher geschickt. Hier sind Familien mit Kindern und „Spezialfälle" in separaten Zimmern untergebracht.

Es handelt sich um eine Frau mit drei kleinen Kindern. Sie ist weder besonders hübsch noch eine Syrerin. Sie spricht und versteht nur serbisch. Dafür steht jedoch im Camp kein Dolmetscher zur Verfügung. Ein Aufruf bei der Sarstedter Bevölkerung läuft bereits.

Etwa zwei Stunden nach dem Aufruf meldet sich eine serbische Dolmetscherin. Sie übersetzt: Die Frau ist mit ihren drei kleinen Kindern aus Serbien geflohen. Sie kam Ende September zunächst in Düsseldorf an und wurde von dort mit dem Zug nach Bramsche geschickt. Die Unterkunft

Bramsche war jedoch „überbelegt", sodass sie mit dem Bus nach Sarstedt weitergeleitet wurde. Auf dieser Busfahrt lernte sie eine Familie mit einem Kind aus Mazedonien kennen. Seitdem sind diese beiden Familien „unzertrennlich", schicksalhaft miteinander verbunden und gemeinsam untergebracht in Parzelle Halle I „Fußball 22". Nun will sie unbedingt zurück nach Serbien. Von Vergewaltigung ist keine Rede mehr.

Die mazedonische Familie will ebenfalls zurück in ihr Heimatland. Sie ist zunächst in Dortmund angekommen und gelangte wie die serbische Familie über Bramsche in die Notunterkunft Sarstedt.

Wir erkundigen uns: Beide Familien wurden bisher nur von einer Notunterkunft in die nächste weitergereicht. Einen Asylantrag haben sie noch nicht gestellt. Deshalb entfällt eine Grenzübertrittsbescheinigung, die sonst das Ausländeramt vom Landkreis Hildesheim ausstellen müsste. Aber sie haben kein Geld für die Rückreise. Deshalb müsste ein Antrag auf Finanzierung der Tickets gestellt werden. Dafür wäre die AWO Hildesheim zuständig. Wir verabreden einen Termin für morgen.

Ich bekomme eine „rote Mappe" vom Jugendamt, die alle verfügbaren Unterlagen enthält: Die Passkopien der 26jährigen Serbin, ihrer 8jährigen Tochter, ihrer 6jährigen und 10 Monate alten Söhne sowie eine Kopie der Fahrkarte von Düsseldorf nach Bramsche vom 28.09.2015; Kopien der Pässe des 22jährigen Mazedoniers, seiner 19jährigen Frau und ihres 2jährigen Sohnes.

Freitag, 9. Oktober 2015
Um 07:45 Uhr soll der Kleinbus der Sanitätsstation mit den beiden Familien von der Notunterkunft Sarstedt losfahren. Wir warten in Hildesheim.

Heute um 11:00 Uhr wird in Oslo die Entscheidung der Jury verkündet, wer dieses Jahr den Friedensnobelpreis erhält. Schon seit Tagen wird spekuliert, dass Angela Merkel mit dieser begehrten politischen Auszeichnung für ihre Flüchtlingspolitik belohnt werden könnte. Seit 1901 wird der Friedensnobelpreis an denjenigen verliehen, „der am meisten oder am besten für die Verbrüderung der Völker gewirkt hat, für die Abschaffung oder Verminderung der stehenden Heere sowie für die Bildung und Verbreitung von Friedenskongressen." Zu diesen Kriterien gehören seit 1960 der Einsatz für Menschenrechte und seit 2004 für die Umwelt. Ob dieser Maßstab für Angela Merkel zutrifft? Zumindest gehört sie zum engen Favoritenkreis. Sollte es tatsächlich so kommen, so würde das sicherlich ihre humanitäre Politik würdigen und die ganze Flüchtlingsbewegung, auch die Willkommenskultur hier in Deutschland unterstützen. Wir sind gespannt.

Eigentlich sollten die serbische und mazedonische Familie bei der AWO ja nur die Anträge für die Finanzierung der Rückfahrtickets persönlich unterschreiben. Doch dann zeigen sich die Probleme: Sie müssten vorher als Asylsuchende registriert sein, aber wo? In Sarstedt findet keine Registrierung statt. Ein Rückruf bei der LAB Bramsche ergibt: Sie hätten sich dort registrieren lassen müssen. Außerdem benötigen sie für die Antragstellung gültige Reisepässe. Die serbische Familie hat die Pässe in Düsseldorf abgegeben, es befinden sich nur Kopien in der roten Mappe. Die mazedonische Familie besitzt zwar ihre Original-Pässe, aber der Pass des Mannes ist Ende September abgelaufen. Es herrscht allgemeine Ratlosigkeit. Mal ist ein abgelaufener Pass kein Problem bei der Ausreise, mal doch bei Reise durch Länder mit Visumpflicht. In jedem Fall werden für die Anträge gültige Ausreisedokumente verlangt. Es ist auch kein Dolmetscher da, der das alles erklären könnte. Fünf Mitarbeiter bemühen sich um Klärung. Schließlich kommt zufällig eine neue Mitarbeiterin ins Büro, die erst am 1. November ihre Arbeit aufnehmen soll und die serbisch spricht. Trotzdem hilft uns das nicht weiter. Wir müssen die AWO unverrichteter Dinge und ohne Ergebnis wieder verlassen. Man verspricht uns Klärung bis Montag früh und einen entsprechenden Telefonanruf.

Wir rufen in Sarstedt an und bitten um Abholung der beiden Familien. Aber der Fahrer weigert sich, noch einmal ohne Kindersitze zu fahren. Wir müssen also erst genügend Kindersitze organisieren. Nach einigem Hin und Her und mehreren

Telefongesprächen gelingt uns dies schließlich. Der Fahrer sammelt von unterschiedlichen Standorten insgesamt 8 Kindersitze ein, die künftig in Sarstedt verbleiben können.

Wir fahren getrennt zurück. Ich frage vorsichtshalber nach, ob die Johanniter sie eventuell am Montag nach Bramsche bringen könnten.

„Wenn sie in Bramsche aufgenommen werden, werden sie auch hingebracht!"

Wir erfahren, dass Angela Merkel den Friedensnobelpreis nicht erhalten hat. Das Osloer Komitee hat sich für das tunesische „Nationale Dialogquartett" entschieden. Schade, wir sind uns mit anderen Helfern einig, dass eine Würdigung von Angela Merkel und ihrer Flüchtlingspolitik uns allen und unserer Arbeit gutgetan hätte. Die Kanzlerin selbst wirkt enttäuscht.

Für den zweiten Teil des Tages wartet auf uns die schönste und berührendste Geschichte, die uns während der ganzen Flüchtlings-Arbeit widerfahren ist: „Die Flucht aus Liebe".

Montag 12. Oktober 2015
Die AWO hält ihr Versprechen nicht ein, niemand meldet sich. Stattdessen ruft der Chef-Dolmetscher aus Sarstedt an: Beide Familien ständen bei ihm und wollten wissen, was nun geschehe, ob sie heute nach Bramsche zurück müssten. Sie wären sehr ungeduldig. Ich informiere ihn über den augenblicklichen Stand.

Bei der AWO erreiche ich nicht die zuständige Mitarbeiterin, sondern nur die Telefonzentrale. Ich schildere noch einmal den Fall und bitte dringend um Rückruf, bleibe aber skeptisch. Deshalb frage ich direkt – unter Umgehung des Dienstweges – in Braunschweig nach. Schon zehn Minuten später meldet sich die zuständige Fachleiterin: Beide Familien müssten erst einmal registriert werden. Dazu müssten sie nächsten Dienstag, also in acht Tagen nach Celle. Sie würden dann mit dem Bus, zusammen mit anderen Sarstedtern, dorthin gebracht. Anschließend kämen sie nach Braunschweig. Dabei bestätigt sie erneut, dass für Sarstedt die Landesaufnahmebehörde (LAB) Braunschweig zuständig sei. Die AWO meldet sich und berichtet genau das Gleiche. Sobald die beiden Familien in Celle registriert seien, würden sie sich um die Rückführung kümmern. Ich frage nach einem ungefähren Zeithorizont. Sie hätten „sehr gute Drähte" zu allen zuständigen Stellen, dennoch könnte es wohl bis Ende November dauern. Und bis dahin hätte auch die „serbische" Mitarbeiterin ihre Arbeit aufgenommen.

Die Frage, ob sie dann in Celle bleiben, nach Braunschweig kommen oder zurück nach Sarstedt, kann mir niemand beantworten. Man weiß nur, dass in Celle kein Johanniter-, sondern ein Malteser-Lager besteht. Auch der Transport nach Celle bleibt unklar. Der Mazedonier stellt mit seinem Handy einen Kontakt zu einem Mann her, der ein paar Brocken Deutsch spricht. Ihm kann ich begreiflich machen, dass sie nächsten Dienstag nach Celle müssten. Mehr gelingt nicht.

In der Einsatzhalle treffen wir einen Helfer und seine Kollegin. Sie haben uns wohl beobachtet und fragen nun, ob wir uns um diese Familien kümmerten.

„Diese serbische Frau macht das ganze Camp verrückt. Sie ist unerträglich und geht allen auf die Nerven. Wir haben die Schnauze voll von dieser Frau und lehnen jeden weiteren Kontakt mit ihr ab."

Die Bürgermeisterin von Sarstedt, die sich sehr rührig um die Notunterkunft kümmert und oft im Camp anzutreffen ist, bestätigt, dass ab kommenden Freitag alle Sarstedter Flüchtlinge zur Registrierung nach Celle gebracht würden. Die Einsatzleitung weiß davon gar nichts. Darüber entfacht sich eine Diskussion über die Zuständigkeit. Wir bemerken, dass wir – nach unseren bisherigen Erfahrungen – froh und glücklich sein könnten, wenn die Zuständigkeit in Braunschweig bliebe. Doch der Einsatzleiter meint, dass Friedland für Sarstedt zuständig würde. Er will es nun genau wissen. Er telefoniert so lange herum, bis er Klarheit hat:

„Für Sarstedt ist Friedland zuständig!"

Ob das vorher schon feststand oder ob er das erst durch seine Aktivität ausgelöst hat …? Auch LAB Braunschweig, die Fachleiterin, die vor zwei

Stunden noch eine andere Aussage getroffen hatte, ruft mich selbst an und bestätigt: Seit kurzer Zeit sei es offiziell; nicht mehr Braunschweig, sondern Friedland sei für uns zuständig. Damit entfiele auch die Registrierung in Celle. Jetzt würde wohl alles von Friedland aus neu organisiert. Sie bittet um die Telefon-Nummer der AWO, um auch an sie diese Information weiterzugeben. Eine halbe Stunde später ruft die AWO an und informiert mich über die neue Situation. Ich frage verwundert, ob ihnen nicht gesagt wurde, dass ich schon darüber informiert sei? „Nein." Den beiden Familien sage ich nichts. Sie gehen davon aus, dass sie nächsten Dienstag, also in über einer Woche, nach Celle transportiert und dort registriert werden. Wer weiß, was bis dahin noch alles passiert?

Mittwoch, 14. Oktober 2015
Als wir in die Notunterkunft kommen, ist alles im Umbruch. Die Einsatzleitung wechselt. Die „Johanniter der ersten Stunde" verlassen das Camp, eine neue Mannschaft ist schon da. Zwei neue Stabassistenten stellen sich vor. Wir informieren sie über unsere laufenden Fälle und den aktuellen Stand. Zu dem drängenden Problem der Registrierung heißt es, Friedland würde wahrscheinlich eine Außenstelle hier im Camp einrichten und dann direkt vor Ort registrieren. Die Sarstedter Bürgermeisterin fände das gut, dann brauchten die Flüchtlinge nicht nach Celle gebracht zu werden.

Den Mazedoniern und Serben sagen wir noch nichts von dieser Entwicklung und rütteln nicht an dem alten Informationsstand, zumal auch kein Dolmetscher zur Verfügung steht, um diesen komplizierten Zusammenhang zu erklären.

Die alte Einsatzleitung verabschiedet sich von uns: „Vielen Dank" – wir hätten sehr geholfen – ohne uns ...

Donnerstag, 15.Oktober 2015

Wir sind heute nicht im Camp. Am Nachmittag fragt die AWO nach dem „Stand der Dinge". Sie kämen in Friedland nicht durch. Wir sind uns einig, dass wir alles so lassen wollen, bis die Situation in Sarstedt geklärt ist. Es ist ärgerlich: Statt endlich die Initiative zu ergreifen und etwas zu unternehmen, fragen sie mich immer nach dem „Stand der Dinge" und ob es „etwas Neues" gebe.

Also erkundige ich mich bei der Einsatzleitung in Sarstedt, ob es dazu etwas Neues gebe.

„Nein, die Registrierung ist noch nicht geklärt. Friedland ist nicht zu erreichen."

Freitag, 16. Oktober 2015

Ich frage erneut nach, zunächst beim Chef-Dolmetscher, er könnte es am ehesten wissen. Der Chef-Dolmetscher sei beurlaubt. Er habe 18 Stunden am Tag gearbeitet, nun sei er fertig und habe einen „Burnout". Doch die Einsatzleitung kann mir weiterhelfen: Ab kommenden Dienstag – genau an dem Tag, an dem die Fahrt nach Celle vorgesehen war – soll eine mobile Außenstelle von Friedland nach Sarstedt kommen. Dann würde die Registrierung direkt vor Ort vorgenommen.

Ich bitte inständig darum, dann die Familien aus Mazedonien und Serbien vorzuziehen. Ich solle Montag noch einmal daran erinnern. Ich frage nach der „roten Mappe" mit den Unterlagen. Die kenne man nicht und der alte Stab habe auch viel mitgenommen …

Wir versuchen den beiden Familien zu erklären, dass es nicht nach Celle gehe, sondern dass die Registrierung hier in Sarstedt erfolge. Diese sei ganz wichtig für sie. Erst danach ginge es weiter. Bei der Erklärung hilft wieder der radebrechende Dolmetscher über das Handy des Mazedoniers. Wir sind jedoch nicht sicher, ob sie wirklich verstanden haben, worum es geht.

Ich gehe in das Büro der ehemaligen Einsatzleitung auf die Suche nach der „roten Mappe". Schließlich werde ich in einer großen Kiste mit viel Papier und alten Unterlagen fündig. So rette ich die rote Mappe mit den Kopien der Pässe und übergebe sie der neuen Einsatzleitung mit entsprechenden Hinweisen.

Dienstag, 20. Oktober 2015

Während der Fahrt nach Sarstedt erreicht uns ein Anruf des Chef-Dolmetschers: Die Mazedonier und Serben würden bei ihm stehen und ihm einen Zettel von mir zeigen: Sie sollten nicht nach Bramsche, sondern Dienstag, also heute, nach Celle gebracht werden. Ein paar Minuten später sind wir bei ihnen. Wir erklären die Änderung wieder und wieder, mehrmals mit mühsamer Hilfe des „Handy-Dolmetschers". Sie begreifen nicht oder nur sehr schwer, wie es jetzt weitergeht. Die mobile Registrierung von Friedland ist noch nicht da, soll aber heute noch kommen. Ich bitte den Einsatzleiter, diese beiden Familien vordringlich zu behandeln. Er will es versuchen, aber nichts versprechen.

Am Nachmittag – wir sind wieder auf dem Weg zu einer Sterbebegleitung – meldet sich eine Mitarbeiterin der LAB Friedland. Sie würde sich jetzt in Sarstedt einrichten, es sei ihre dritte Außenstelle. Sie hätte meine Nummer von der Einsatzleitung und wüsste auch schon von den dringenden Fällen.

Gegen Abend ruft mich ganz aufgeregt die Assistentin der Einsatzleitung an. Sie sei gerade im Sanitätsbereich.

„Hier sind zwei Familien aus Serbien und Mazedonien. Die sind ganz verzweifelt, wissen nicht mehr weiter und drehen durch!"

Zum Glück steht neben ihr eine Mitarbeiterin, die albanisch kann. Sie erklärt den aktuellen Stand. Mal sehen, wie lange es hält …

Mittwoch, 21. Oktober 2015

Mittags fahren wir extra nach Sarstedt, holen die „rote Mappe" von der Einsatzleitung und geben sie bei der Leiterin der LAB-Außenstelle Friedland ab. Wir erklären unser Anliegen und bitten darum,

diese beiden Familien bei der Registrierung vorzuziehen. Sie wolle sich bemühen, könne aber nicht
genau sagen, wann sie technisch so weit sind, dass
sie mit der Arbeit beginnen können.

Freitag, 23. Oktober 2015

LAB Friedland hat mit der Registrierung begonnen. Wir sollen die mazedonische und serbische
Familie holen. Sie stehen zwar unten auf dem Gelände bereit, aber wir brauchen einen speziellen
Dolmetscher für sie. Im Sanitätsbereich arbeitet die
Albanerin, die übersetzen könnte. Sie ist jedoch
unentbehrlich. Angeblich ist in der Sanitätsstation
so viel zu tun, dass auf sie nicht verzichtet werden
kann, auch nicht für kurze Zeit. Ich bitte die Einsatzleitung um Hilfe. Sie ist zwar weisungsbefugt,
kann aber auch nichts ausrichten. Die Albanerin
wird erst freigegeben, wenn ihre Ablösung kommt
– etwa um 14:00 Uhr. Das ist zu spät, dann ist die
Registrierung heute nicht mehr möglich.

Was nun? Ich habe noch die Handy-Nummer
von der ersten Dolmetscherin, die vor vierzehn
Tagen als einzige dem Aufruf gefolgt war. Sie
meldet sich – aus Leipzig. Sie kann also auch nicht
weiterhelfen. Nach kurzem Überlegen meint sie,
eventuell könne eine Kollegin aushelfen. Sie könne
aber nicht sagen, ob das klappen würde. Sie würde
sich in den nächsten 10 Minuten melden. Wenn
nicht …, könnte sie auch nichts mehr für uns tun.
Die Zeit vergeht … ohne Antwort.

Ich gehe aus der Sanitätsstation nach draußen zu den beiden wartenden Familien und bringe durch Achselzucken meine Ratlosigkeit zum Ausdruck. Der Mazedonier nennt jetzt mehrmals einen Namen und zeigt in eine Richtung. Er bedeutet mir, ihm zu folgen, und führt mich zu der Spielhalle, die neu für die Flüchtlingskinder eingerichtet wurde. Dort spricht er mit einem jungen Security-Mitarbeiter in neongelber Weste. Dieser nickt und bestätigt mir, dass er dolmetschen könne, aber erst ab 12:00 Uhr, wenn die Spielhalle für die Mittagspause geschlossen würde. Und außerdem müsse ich den Chef der Security fragen, ob er das überhaupt dürfe. Ich suche den Chef und erhalte seine Genehmigung. Er erklärt mir, dass er die beiden Familien auch schon zur Genüge kenne und froh um jeden Tag wäre, den sie eher das Camp verließen.

Nach Schließung der Spielhalle gehen wir gemeinsam zur Registrierung. Der junge Mann meint, es wäre eine „Gottesfügung", dass er heute ausnahmsweise zur Frühschicht eingeteilt wäre. Normalerweise hätte er Spätschicht.

Nun werden beide Familien registriert, d.h. sie erhalten ihre „Bescheinigung über die Meldung als Asylsuchender" (BÜMA), ein Aktenzeichen und sind damit im „Easy-Verfahren" gemeldet. Das eigentliche Asylverfahren beginnt erst, wenn die Flüchtlinge vom BAMF zum Erstinterview und zur Anhörung eingeladen bzw. aufgefordert werden.

Hier entfällt das, weil beide Familien kein Asyl beantragen, sondern freiwillig in ihr Heimatland zurückkehren wollen. Aber die Registrierung ist erforderlich, weil sie kein Geld haben und ein Antrag auf Finanzierung ihrer Rückreise gestellt werden muss.

Die Leiterin der Außenstelle will die Unterlagen, zusammen mit der „roten Mappe" heute Nachmittag mitnehmen und persönlich in Friedland abgeben. Von dort aus solle dann die freiwillige Rückkehr so schnell wie möglich organisiert werden.

Wir informieren Einsatzleitung, Chef-Dolmetscher und Sanitätsstation, dass wir die Albanerin zum Dolmetschen nicht mehr benötigen.

Montag, 26. Oktober 2015

Die AWO erkundigt sich mal wieder nach dem Stand der Dinge und ob es etwas Neues gebe. Ich berichte über die erfolgreiche Registrierung und wir überlegen gemeinsam, wie die freiwillige Rückkehr schneller zu bewerkstelligen sei: über die AWO oder über Friedland direkt.

Ich bespreche die Situation mit Friedland. Nach der Registrierung sind beide Familien jetzt zumindest „im System" erfasst. Nun können bei der Internationalen Organisation für Migration (IOM) die Anträge zur Finanzierung ihrer Rückreise gestellt werden. Diese Anträge darf ich in „Amtshilfe für die LAB Friedland" selbst in Sarstedt ausfüllen, unterschreiben lassen und anschließend per Boten nach Friedland schicken. Die entsprechenden Antragsformulare werden mir per Mail geschickt.

Die IOM-Anträge sind jedoch nur möglich, wenn gültige Ausreisepapiere vorliegen, ohne werden sie gar nicht angenommen.

Der serbischen Familie wurden die Pässe in Düsseldorf abgenommen. Friedland meint, dass sie jetzt nach der Registrierung automatisch nach Friedland kommen müssten.

Von der mazedonischen Familie haben Frau und Kind einen gültigen Reisepass, der Pass vom Mann dagegen ist am 29. September abgelaufen. Er müsste ein Passersatzpapier (PEP) beantragen. Friedland rät, deswegen Kontakt mit dem zuständigen Konsulat in Hamburg aufzunehmen. Es könnte allerdings sein, dass der „Honorarkonsul von Mazedonien" in Hamburg gar kein PEP ausstellen könne, sondern dies nur in einer Botschaft möglich wäre.

Dienstag, 27. Oktober 2015

Das Konsulat in Hamburg lehnt jede Hilfe ab und verweist für ein PEP auf Botschaften in Berlin, Bonn und München. Stattdessen hat der Herr einen Tipp für die Rückreise ohne Pass und Geld:

„Wenn er illegal hierhergekommen ist, dann weiß er ja, wie es geht, dann soll er auf dem gleichen Weg zurückgehen!"

Mittwoch, 28. Oktober 2015

Unser Mann in Friedland ist sich sicher: Die Pässe der serbischen Familie werden demnächst in Friedland landen. Er will sich darum kümmern. Dann können wir überlegen, wie wir mit dem abgelaufenen Pass des Mazedoniers umgehen. Wenn der IOM-Antrag gestellt ist, dauert es etwa vier Wochen, bis die Flugtickets vorliegen.

Donnerstag, 29. Oktober 2015

Ich frage noch einmal nach: Die IOM-Anträge werden nur mit gültigen Ausreisepapieren bearbeitet. Also müssen wir warten, bis die Original-Pässe der serbischen Familie in Friedland ankommen und dann muss der mazedonische Mann zur Botschaft nach Berlin, um ein PEP für sich zu beantragen.

Freitag, 30. Oktober 2015

Ich erkundige mich, ob die Pässe angekommen sind. Nein, sie seien noch nicht da. Außerdem liefe es nach seiner Erfahrung besser automatisch als wenn sie extra angefordert würden. Trotzdem werde er sich in ein paar Tagen wieder darum kümmern.

Wir sprechen über die finanziellen Aspekte. Beide Familien aus Serbien und Mazedonien bekommen zwar die Tickets, aber keine „Reisebeihilfe" und keine „Starthilfe", weil sie aus sicheren Herkunftsländern gekommen sind.

Wenige Minuten später ruft ganz aufgeregt die Registrierungsstelle an: Bei ihnen sei eine Serbin, die spreche ständig von einem Ticket und mache Gebärden, als wolle sie sofort zurückfliegen. Das kann nur „unsere" Serbin sein; denn sie ist einzigartig im Camp. Ich erkläre, ziemlich überrascht, dass die Geschichte mit dem Ticket nicht wahr sein könne und ein Gerücht sein müsse.

Wir fahren sofort los. In der Sanitätsstation hat zum Glück die Albanerin Dienst und kann als Dolmetscherin aushelfen. Es stellt sich heraus, dass die Serbin natürlich kein Ticket hat. Sie glaubt nur, wenn sie registriert ist, dann müsste sofort anschließend auch das Ticket für sie da sein. Und deshalb wollte sie nur mal wieder Druck machen, in der üblichen, von ihr schon bekannten „Masche": mit Worten, Gebärden und vielen Tränen.

Ich erkläre ihr, dass erst ein IOM-Antrag gestellt werden müsse und dass der wiederum davon abhängig wäre, dass ihre Pässe in Friedland ankommen. Von der möglichen Zeitdauer sage ich lieber nichts. Sie ist erbost, die Dolmetscherin übersetzt:

„Wenn ich in drei Tagen nicht meine Pässe habe, dann gehe ich zur Polizei und erstatte Anzeige ..."

Nachdem sie sich beruhigt hat, holen wir die Mazedonier hinzu. Ich zeige ihnen die IOM-Anträge, die ich schon vorbereitet habe und die nur noch unterschrieben werden müssen. Die Serbin macht an der entsprechenden Stelle ein Kreuz.

Die fertigen Anträge werden heute – am Freitagnachmittag vor dem Wochenende – mit der Registrierungspost direkt nach Friedland mitgenommen.

Mittwoch, 4. November 2015

Es sind einige Tage vergangen, seitdem wir das letzte Mal im Camp waren. Heute Morgen frage ich in Friedland nach, ob die Pässe inzwischen aufgetaucht wären. Nein, bei ihm noch nicht. Wir klären Grundsätzliches: Mit PEP ist nur eine Rückreise per Flugzeug möglich. Für eine Rückkehr mit dem Bus müssten Pässe vorhanden sein. Ich erkundige mich, ob es nicht in diesem speziellen Fall eine Art „Freiwillige Abschiebung" gäbe. Er verneint und schließt diese Möglichkeit aus, weil es mit noch größeren Problemen verbunden wäre und sicherlich noch länger dauern würde als über IOM. Ich frage erneut nach der roten Mappe mit den Passkopien. Sie ist in Friedland „verschwunden" Er verspricht, danach zu suchen.

Im Camp werden wir natürlich schon sehnsüchtig erwartet. Bei den Johannitern gibt es eine neue Dolmetscherin: Eine Jugoslawin, die an drei Tagen pro Woche in der Küche arbeitet und serbisch und mazedonisch vermitteln kann.

Wir erklären den aktuellen Stand. Auffällig ist wieder, dass sie wesentlich mehr übersetzt als wir sagen und umgekehrt.

Wir bekommen in geballter Form alle Probleme und Sorgen mitgeteilt: Die Pässe wurden in Düsseldorf abgegeben, die Kopien sind in der roten

Mappe, es gibt kein Taschengeld, der Mazedonier braucht unbedingt Zigaretten, die Kinder mögen das Essen nicht, sie möchten Nutella, der kleine Junge ist krank usw. Vor allem die Serbin ist sehr aggressiv und bricht ab und zu demonstrativ in Tränen aus. Die mazedonische Familie ist dagegen eher zurückhaltend und duldsam.

Ich arbeite die Probleme nacheinander ab. In der Registrierung wird erklärt, dass die rote Mappe letzten Freitag in Friedland auf den Tisch vom Schichtführer gelegt wurde mit dem Hinweis, sie würde vom Sachbearbeiter abgeholt. Die Sanitätsstation bestätigt, dass kranke Kinder bei Problemen sofort zum Kinderarzt oder ins Krankenhaus gefahren würden. Eine Anfrage in Friedland ergibt, dass die Taschengeld-Ausgabe in Sarstedt „eigentlich längst laufen müsste". Bei entsprechender Rückfrage in der Registrierung erklärt mir die Leiterin, dass einiges noch nicht richtig liefe. Sie sei der einzige „Verbindungsoffizier" zwischen Friedland und Sarstedt. Die anderen Mitarbeiter seien nur Helfer, Abgeordnete von anderen Behörden. Sie würden zwar weiter aufgestockt, trotzdem aber nicht mehr schaffen. „Nadelöhr" sei im Augenblick der Drucker.

Die Einsatzleitung ist verzweifelt: Sie hat ebenfalls in Friedland wegen des Taschengeldes nachgefragt – ohne Erfolg. Und die Registrierung sei eine einzige Katastrophe, sie schaffe zurzeit nur maximal 10 pro Tag.

Täglich

Jedes Mal, wenn wir in das Camp kommen, werden wir schon mit bohrenden und fragenden Blicken und Gesten erwartet. Wir müssen dann erst einen Dolmetscher suchen, der eigentlich nur zu erklären hat, dass es nichts Neues gibt: Entweder die Jugoslawin aus der Küche, die immer übersetzt, was sie will und wie sie es will. Oder der junge Mann von der Security, der meistens Spätschicht hat und den ich manchmal tagsüber anrufe und bitte, am Abend ihre Parzelle aufzusuchen und zu berichten. Oder die Albanerin aus der Sanitätsstation, die aushelfen muss, wenn kein anderer zur Verfügung steht. Oder im schlimmsten Fall der Handy-Dolmetscher, der kaum etwas richtig versteht und meistens für mehr Verwirrung als Klarheit sorgt.

Jeder im Camp ist inzwischen genervt, wenn er die Serbin mit ihren Kindern nur sieht oder mit ihnen in Berührung kommt. Alle bangen mit uns, dass diese Geschichte endlich ihren Abschluss findet.

Ich gebe es auf. Es ist sinnlos, weiter auf das „automatische Auftauchen" der Pässe in Friedland zu warten.

Friedland hatte vor einigen Tagen gesagt, sie hätten den Suchvorgang an Kollegen weitergegeben, die sich jetzt kümmern würden, aber bei den anderen Stellen, Bundes-, Landes- und Aufnahmebehörden melde sich niemand.

Schließlich hatte ich es selbst in Bramsche versucht, wo sie auf dem Weg von Düsseldorf nach Sarstedt Zwischenstation gemacht hatten. Ein sehr freundlicher Herr fand sofort die Namen im System und meinte, das wäre kein Problem. Er wolle nach den Pässen forschen und sich wieder melden. Ich habe nie wieder etwas von ihm gehört.

Zuletzt hatte ich in Friedland noch einmal versucht, wenigstens die „rote Mappe" mit den Kopien ausfindig zu machen. Genervt hatte man geantwortet, es lägen dort 1 200 rote Mappen und in dieser Woche hätte man wieder 400 Ausreisen zu organisieren.

„Wir haben genug zu tun und können uns nicht auch noch darum kümmern. Überall hängt ein Zettel mit dem Namen der Serben aus, falls irgendjemand auf die Unterlagen stößt."

Was gibt es für Alternativen? Wir hatten überlegt, ob nicht eine Art „freiwillige" Abschiebung schneller ginge und für alle Beteiligten die bessere Lösung wäre. Aber sich überhaupt mit dem Gedanken zu beschäftigen, wird von allen Behördenvertretern abgelehnt. Ich habe IOM in Nürnberg gefragt, ob die Finanzierung der freiwilligen Rückkehr eventuell auch ohne gültige Reisepässe möglich wäre. Nein, das wäre generell nicht möglich. Ich habe mich bei der Landes- und Bundespolizei an den Flughäfen erkundigt, ob es eine Möglichkeit zur Ausstellung „vorläufiger" Reisepässe gebe. Die Antwort war „grundsätzlich nein". Einmal hatte ich Glück am Flughafen Hannover: Ein offenbar höherer Polizeibeamter – er musste nicht erst rückfragen oder weiterverweisen – wollte sich mit der Frage ernsthaft beschäftigen und über eine Ausnahmeregelung in diesem speziellen Fall nachdenken. Ich solle später noch einmal nachfragen, was ich dann auch tat – wieder mit abschlägigem Bescheid. Ich hatte gehört, dass die Ausländerbehörden in den Kommunen Heimreisedokumente, spezielle Reiseausweise für Ausländer ausstellen könnten. Die entsprechende Nachfrage ergibt, dass dies tatsächlich möglich sei, wenn alle anderen Wege ausgeschöpft wären. Allerdings sei Voraussetzung, dass der Flüchtling zu ihrem Zuständigkeitsbereich gehöre, also bereits verteilt und seinen augenblicklichen Wohnsitz in der Kommune habe. Solange er jedoch in einer Notunterkunft wohne, sei die Landesaufnahmebehörde, in unserem Fall also Friedland zuständig. Als Kontaktperson nennt er mir Namen, die ich längst kenne und mit denen ich täglich spreche. Hier schließt sich der Kreis und ich stehe wieder am Anfang.

Es hilft alles nichts. Ich muss wohl selbst den Weg der Pässe zurückverfolgen, um fündig zu werden.

Vor einigen Tagen hatte die Serbin mir gesagt und sie konnte sich plötzlich genau daran erinnern, dass ihr die Pässe in der „Ratastraße 23" in Düsseldorf abgenommen wurden. Die Recherche im Internet ergibt: Es muss sich um die „Rather Straße" handeln. Am 31. August wurde berichtet:

„Auf dem ehemaligen Gelände des Schlachthofes ist Platz für maximal 300 Personen. Die Betreuung vor Ort wird das Deutsche Rote Kreuz (DRK) übernehmen. Ende Oktober wird die Zeltanlage wieder abgebaut."

Das Zeitfenster stimmt auch. Dort muss also die serbische Familie zuerst angekommen sein und dort müssen auch die Pässe abgenommen worden sein.

Dienstag, 17. November 2015
Ich beginne beim BAMF Düsseldorf und erhalte die Auskunft, dass man mit Pässen nichts zu tun habe. Man kümmere sich nur um Asylverfahren.

Die Stadtverwaltung Düsseldorf erklärt sich für nicht zuständig und verweist auf das Land.

Die Zentrale Ausländerbehörde Dortmund nennt mir die Telefonnummer vom zuständigen DRK-Einsatzzentrum – wieder in Düsseldorf.

Dort spreche ich nacheinander mit zwei Damen aus der Verwaltung. Die zweite kann sich an das Zeltlager in der Rather Straße erinnern. Sie weiß sogar noch, wer der Lagerleiter war und nennt mir seine Handy-Nummer. Ich versuche den ganzen Abend vergeblich, ihn zu erreichen.

Mittwoch, 18. November 2015
Das DRK betreibt inzwischen in Düsseldorf eine neue Notunterkunft. Dort erreiche ich eine freund-

liche Dame, die mir erklärt, dass sie auch im Zelt-lager Rather Straße Dienst verrichtet habe. Sie be-stätigt, dass dort etwa 300 Flüchtlinge über längere Zeit untergebracht waren. Sie habe die Namenslis-te geführt und könne sich an die Namen der serbi-schen Familie, sogar an die Frau mit den drei klei-nen Kindern selbst erinnern. Aber das DRK habe keine Pässe von den Flüchtlingen eingezogen – definitiv nicht! Nicht einmal die Polizei durfte ih-nen Pässe abnehmen. In dem Zeltlager sei auch keine Registrierung vorgenommen worden, es sei nur Notunterkunft gewesen. Sie empfiehlt mir, mich an die zuständige Bezirksregierung in Arnsberg zu wenden.

Donnerstag, 19. November 2015

In einem anderen Fall bin ich auf der Suche nach einem Pass an eine sehr freundliche und koopera-tive Sachbearbeiterin beim BAMF in Friedland geraten, die sich tatsächlich intensiv bemüht, ver-misste Dokumente zu finden. Bei ihr erfährt man sogar Zwischenstände:

„Ich habe noch nichts gefunden. Aber ich suche weiter und melde mich."

„Eine Kiste habe ich noch. Wenn ich damit fer-tig bin, melde ich mich."

Und sie findet in diesem speziellen Fall tatsäch-lich den gesuchten Pass. Als sie mir das voller Stolz mitteilt, hält sie zusätzlich eine Überraschung bereit. Sie hätte auch Unterlagen über die serbische Familie gefunden: Eine Kopie vom Pass der Tochter, ein Online-Ticket von Düsseldorf nach Bramsche und die Kopie einer BÜMA. Das muss ein Teil der „roten Mappe" sein oder zumindest müssen jetzt einzelne Kopien von den Kopien wieder aufgetaucht sein, die bei der Registrierung angefertigt wurden und zusammen mit den anderen Unterlagen nach Friedland gebracht wurden. Ich bitte um Übersendung per Mail. Innerhalb von Minuten erhalte ich die Unterlagen.

Diese erste „Bescheinigung über die Meldung als Asylsuchender" – die zweite BÜMA wurde ja am 23.10. in Sarstedt erstellt – wurde von der „Zentralen Ausländerbehörde Bielefeld" – Notunterkunft NRW – am 25.09.2015 ausgestellt. In der Spalte „einbehaltene Unterlagen" ist nichts angekreuzt.

Ich nehme Kontakt zur Bezirksregierung Arnsberg auf und erkläre einer freundlichen Mitarbeiterin unser Problem und Anliegen. Sie verspricht, sich darum zu kümmern. Ich leite ihr die erste BÜMA von Bielefeld per Mail weiter.

Freitag, 20. November 2015
Heute wirken die Serben und Mazedonier etwas zufriedener. Beide Familien haben für den abgelaufenen Zeitraum bis einschließlich gestern Taschengeld bekommen: 712,41 Euro für die serbische und 592,80 Euro für die mazedonische Familie. Nun könnte der mazedonische Mann ja eigentlich die Fahrt zur Botschaft nach Berlin selbst finanzieren.

Montag, 23. November 2015

Ich frage bei der Bezirksregierung Arnsbach nach und erfahre, dass die erste Registrierung durch ein mobiles Einsatzteam aus Herford durchgeführt wurde. Sie will dort nachfragen und meldet sich wieder.

Dienstag, 24. November 2015

Es gibt noch keine konkreten Ergebnisse, sie will sich weiter bemühen.

Im Camp wollen die beiden Familien wissen, ob sie nächsten Monat auch noch einmal Geld bekämen. Der Mazedonier fragt, warum ein Syrer – mit Frau und einem Kind wie er – mehr Geld erhalten habe.

Donnerstag, 26. November 2015

Heute geht es mit der Bezirksregierung Arnsberg ständig hin und her, wie in einer Konferenzschaltung:

„In der Notunterkunft Düsseldorf II, in der Rather Straße, wurde die Erstaufnahme durch Polizisten durchgeführt. Da wurden keine Pässe abgenommen."

„Und die mobile Aufnahmestelle Herford?"

„Nein, die hat keine Unterlagen mehr."

„Und die Zentrale Aufnahmebehörde in Bielefeld, die für die Notunterkunft zuständig war?"

„Da frage ich jetzt noch einmal nach, ich melde mich gleich wieder. – Nein, in Bielefeld liegt auch nichts mehr. Bielefeld hat die Unterlagen nach Essen weitergegeben."

„Und ... hat Essen die Unterlagen noch?"

„Das muss ich klären, ich rufe zurück. – Nein, Bielefeld hat die Unterlagen und Daten wieder nach Herford zurückgegeben."

„Dann sind die Pässe vielleicht doch noch in den Akten?"

„Sie suchen noch einmal ... „

„Sie haben nichts gefunden ..."

„Die Polizisten in Düsseldorf sagen, dass auf der BÜMA gar nicht angekreuzt wurde, dass Pässe vorhanden waren. Es kann also sein, dass sie überhaupt keine Pässe gehabt haben."

Und das Endergebnis:

„Ich kann jetzt wirklich nichts mehr für Sie tun."

Freitag, 27. November 2015

Ich teile der LAB Friedland das Ergebnis meiner Recherche-Bemühungen mit und frage, ob sie inzwischen „zufällig" die Pässe gefunden hätten oder wenigstens die „rote Mappe".

„Nein."

Die Nachfrage bei der freundlichen, kooperativen Mitarbeiterin beim BAMF, die schon so viel gefunden hat, bringt ebenfalls keine neuen Erkenntnisse.

Was nun? Es erscheint aussichtslos, die Pässe der serbischen Familie wiederzufinden. Es erscheint ebenso aussichtslos, von der serbischen

Botschaft neue Pässe oder PEP zu bekommen. Also bleibt jetzt nichts anderes übrig als die serbische und mazedonische Familie in Bezug auf ihre freiwillige Rückkehr getrennt und unabhängig voneinander zu bearbeiten. Denn die Heimkehr der Mazedonier wird sich wahrscheinlich leichter und schneller bewerkstelligen lassen.

Montag, 30. November 2015

Ich bitte unseren Kooperationspartner in Braunschweig um Mithilfe. Er erklärt, dass für Mazedonien jetzt die LAB Langenhagen zuständig sei – jener freundliche Herr, der im Oktober schon einmal unseren jungen Iraker mitgenommen hat. Dieser erklärt sich sofort bereit, den Mazedonier zur Botschaft nach Berlin mitzunehmen, um die Pass-Ersatz-Papiere (PEP) zu beschaffen. Er fahre schon am kommenden Mittwoch, aber da sei sein VW-Bus schon voll besetzt. Er plane ihn jetzt eine Woche später, für den 9. Dezember ein. Dafür brauche er nicht einmal einen offiziellen Antrag auf Amtshilfe, den Braunschweig von Friedland bei jeder Tour benötigt. Das gehe bei ihm auf „kleinem Dienstweg". Er hole ihn um 5:30 in Sarstedt an der Hauptwache ab und bringe ihn am Nachmittag zurück.

Ich schildere ebenfalls unsere Not mit der serbischen Familie. Um Serben kümmere sich jetzt speziell die LAB Lüneburg. Ich erfahre die Telefonnummer der zuständigen Sachbearbeiterin. Vielleicht sieht sie noch eine Möglichkeit.

Im Camp hilft uns die Kroatin aus der Küche als Dolmetscherin, wie üblich mit ihren eigenen Ausschmückungen, die wir natürlich nicht verstehen, die aber auffallend lang ausfallen. Sie erklärt dem Mazedonier die Fahrt nächste Woche zur Botschaft nach Berlin.

Die Serbin ist wütend. Sie habe die Pässe in Düsseldorf abgegeben. Ganz bestimmt! Und ihre Pässe seien auch ganz neu gewesen! Sie will wissen, wann sie endlich aus diesem Camp herauskäme und eine eigene Wohnung erhalte. Die Dolmetscherin erklärt, sie habe das Gefühl, die Serbin würde jetzt lieber hierbleiben – wenn sie eine eigene Wohnung und Geld bekäme.

Dienstag, 1. Dezember 2015

Ich versuche mein Glück bei der LAB Lüneburg, die auf das Herkunftsland Serbien spezialisiert sein soll. Vielleicht sehen die noch eine Möglichkeit. Ich schildere den speziellen Fall. Das sei überhaupt kein Problem. Es gebe seit letzter Woche, ein neues „EU-Laissez-Passer-Verfahren" für die Balkanstaaten, das in unserem Fall anwendbar wäre. Damit würde sich die Möglichkeit bieten, dass die serbische Familie auch ohne Pässe in ihr Heimatland zurückkehren könne. Voraussetzung sei lediglich, dass glaubhaft gemacht werden kann, dass die Pässe tatsächlich bestanden haben.

Mittwoch, 2. Dezember 2015

Wenn man im Internet ein Formular für das EU-Laissez-Passer-Verfahren sucht, erscheint als PDF-Datei der Antrag an die Internationale Organisation für Migration (IOM).

Bei der LAB Friedland ist das neue Verfahren noch nicht bekannt. Er will sich darum kümmern und bei IOM nachfragen.

Schon am frühen Nachmittag ruft er zurück: IOM buche auch Flüge mit „EU-Laissez-Passer". Den Erlass müsse er sich noch genau ansehen. Nach Rückfrage in Lüneburg sei jedoch eine gewissenhafte Prüfung unbedingt erforderlich. Dafür sei die Pass-Kopie der Tochter, die unsere tüchtige Mitarbeiterin im BAMF gefunden hatte, schon sehr hilfreich. Das sei zumindest ein Nachweis, dass die Pässe tatsächlich existiert haben.

Ich veranlasse, dass diese Pass-Kopie vom BAMF zur LAB hinübergeschickt wird. Aus der Kopie ist übrigens das Ausstellungsdatum – 10.08.2015 – ersichtlich. Es stimmt also, dass die Pässe ganz „frisch" waren und unmittelbar vor bzw. „zu" ihrer Flucht ausgestellt wurden.

Montag, 7. Dezember 2015

Heute sind wir mit einem jungen Iraker zum Erstinterview beim BAMF in Friedland. Ich nutze die Gelegenheit und besuche unseren Ansprechpartner bei der LAB direkt im Nachbargebäude. Er erklärt mir, dass er zurzeit überlege, die serbische Familie von Sarstedt nach Bramsche zu verlegen, wenn dadurch die Ausreise schneller gehe. Das Problem bei der Botschaft, bei der Passbeschaffung und bei der freiwilligen Rückkehr sei, dass die Serben ihre eigenen Landsleute im Heimatland nicht wieder aufnehmen wollen.

Dienstag, 8. Dezember 2015

Ich rufe bei der Kroatin aus der Küche an. Der Mazedonier hat gestern schon wieder bei ihr nachgefragt. Sie ist heute ab 12:00 Uhr im Camp. Ich bitte sie, ihm selbst und der Security an der Wache noch einmal Bescheid zu sagen

Vorsichtshalber schreibe ich auch eine Mail an unseren Kooperationspartner in Langenhagen, dass unser Mazedonier morgen um 5:30 Uhr an der Hauptwache bereit stehe. Die Security sei informiert.

Dass bloß jetzt „auf der Zielgerade" nicht noch etwas schief geht!

Donnerstag, 10. Dezember 2015

Im Camp kommt uns der Mazedonier strahlend entgegen und zeigt uns stolz sein Passersatzpapier (PEP). Gestern hat alles gut geklappt. Er durfte sein PEP sogar behalten. Es wurde nicht irgendwo abgegeben oder irgendwohin geschickt. Es ist gültig für einen Monat – bis zum 8. Januar 2016.

Wir gehen in die Registratur, scannen das Dokument und schicken es per Mail an die LAB Friedland, damit nun rasch und vordringlich wenigstens der IOM-Antrag für die mazedonische Familie gestellt werden kann.

Der Serbin lasse ich zur Beruhigung durch die Dolmetscherin erklären, dass auch ihre „Sache laufe" und sie sich „keine Sorgen machen" solle. Die Kroatin übersetzt und erläutert das auf ihre eigene Art und die Serbin gibt sich zufrieden.

Freitag, , 11. Dezember 2015

Am Vormittag meldet sich die LAB Friedland:

„Ich habe die Mail mit PEP bekommen und den IOM-Antrag gestellt. Aber IOM nimmt keine Buchungsanträge mehr an und hat Buchungsschluss für dieses Jahr für Flüge bis 18. und 22. Dezember!"

Das bedeutet, dass die mazedonische Familie dieses Jahr nicht mehr zurückfliegen kann. Aber die PEP gilt nur bis 8.1.2016. Was nun?

„Gibt es ein Flugticket gleich für Anfang Januar?"

„Nein – der Antrag kann erst Anfang Januar neu gestellt werden."

„Können sie mit dem Bus fahren?"

„Nein – mit PEP finanziert IOM nur Flüge. Höchstens auf eigene Kosten."

„Kann man die PEP verlängern?"

„Muss ich mit LAB Langenhagen abklären – wahrscheinlich braucht er eine neue PEP."

Nach einer Atempause:

„Dafür haben wir die rote Mappe mit den Pass-Kopien der serbischen Familie gefunden. Sie war falsch zugeordnet."

„Und ihre Pässe?"

„Nein."

„Geht jetzt EU-Laissez-Passer für sie?"

„Ist noch nicht entschieden, wird noch bearbeitet."

Für das EU-Laissez-Passer-Verfahren würde er gern die serbische Familie von Sarstedt nach Bramsche verlegen; denn bei diesem Verfahren müsse die Behörde eine Garantie der Kostenübernahme für Hin- und Rückflug übernehmen, wenn sie in ihrem Heimatland nicht aufgenommen werden; und das könne Bramsche besser als Friedland.

Montag, 14. Dezember 2015
Heute müssen wir ein längeres Gespräch mit beiden Familien führen. Wir rufen die Kroatin aus der Küche als Dolmetscherin zu Hilfe.

Zunächst erklären wir der mazedonischen Familie die Situation. Ein Rückflug ist in diesem Jahr nicht mehr möglich, sondern erst im nächsten Jahr. Dafür muss der Mazedonier wahrscheinlich noch einmal zur Botschaft nach Berlin, um ein zweites Mal eine PEP zu bekommen. Schneller ginge es, wenn sie auf eigene Kosten mit dem Bus fahren würden. Das wäre auch mit seiner jetzt noch gültigen PEP möglich und das Taschengeld müsste für die Tickets ausreichen. So könnten sie noch vor Weihnachten zu Hause sein. Sie sollen sich entscheiden. Wir geben ihnen eine Bedenkzeit von zwei Tagen.

Der serbischen Familie können wir sagen, dass die „rote Mappe" jetzt wiedergefunden wurde. Nun wäre dieses „neue" EU-Laissez-Passer-Verfahren möglich. Aber die Bearbeitung und ihr Rückflug wären sicher auch erst im nächsten Jahr möglich.

Donnerstag, 17. Dezember 2015

Der Mazedonier hat sich entschieden: Er will warten und in Sarstedt bleiben.

Um die Mittagszeit meldet sich die LAB Friedland: Er hätte in seinem System eine Notiz vom 2. Dezember gefunden, dass die Original-Pässe der serbischen Familie in Bramsche aufgetaucht wären. Damit wäre auch für sie jetzt ein IOM-Antrag möglich und sie könnten mit dem Bus zurückfahren. Die Alternative wäre das „EU-Laissez-Passer"-Verfahren mit Hilfe der Passkopien. Er erwartet Informationen bis Montag.

Dienstag, 22. Dezember 2015

Ich frage in Friedland nach. Die Pässe müssten längst da sein. Er ärgert sich, dass Bramsche sie nicht herausgesucht und geschickt hat.

Über Weihnachten und bis zum neuen Jahr passiert n diesem Familiendrama nichts Neues.

Montag, 4. Januar 2016

Der Mazedonier soll am 13. Januar mit dem Kooperationspartner aus Langenhagen erneut nach

Berlin fahren, um zum zweiten Mal ein PEP zu beantragen. Dies wird dann wieder 4 Wochen gültig sein. Innerhalb dieser Frist muss der IOM-Antrag gestellt und genehmigt werden und der Rückflug erfolgt sein.

Für das neue Jahr 2016 gibt es ein neues IOM-Antrags-Formular. Die alten Anträge aus dem vergangenen Jahr werden aber noch bearbeitet.

Die Pässe der serbischen Familie sind bisher nicht in Friedland angekommen. Im System steht mit Datum 2.12. die Info von der Task Force: „4 Pässe an BAMF Bramsche". Nun soll sich die freundliche Kollegin vom BAMF Friedland, die uns schon öfter beim Suchen von Dokumenten geholfen hat, darum kümmern. Die serbische Familie hat ein „Hilfs-Aktenzeichen". Folglich müssten Unterlagen da sein.

Freitag, 8. Januar 2016

Es hat sich herausgestellt, dass der Hinweis auf die vorhandenen Pässe in Bramsche ein „Irrtum" war. Nun bleibt als gangbarer Weg für die serbische Familie wieder nur das EU-Laissez-Passer-Verfahren übrig.

Dienstag, 12. Januar 2016

Aus Friedland erhalten wir die Information, dass von IOM keine Mittelfreigabe bis Freitag, den 22. Januar möglich sei und dass erst ab Montag, den 25. Januar wieder Mittel zur Verfügung stehen.

Mittwoch, 13. Januar 2016

Trotzdem wird der Mazedonier heute von unserem Kooperationspartner der LAB Langenhagen in Sarstedt abgeholt und erhält in Berlin sein zweites PEP.

Freitag, 29. Januar 2016

Plötzlich geht es sehr schnell: Nach Rücksprache mit IOM soll der Rückflug der mazedonischen Familie am 5. oder 9. Februar erfolgen. Sie würden lieber mit dem Bus fahren, aber laut IOM ist mit PEP nur ein Flug möglich.

Wir gewinnen einen neuen Kooperationspartner in Bramsche – seit jeher ein Spezialist für freiwillige Rückkehr, der sich auch mit dem EU-Laissez-Passer-Verfahren genau auskennt. Ich spreche ihn auf die Pässe der serbischen Familie an, die ja laut Aktenvermerk zuletzt in Bramsche gesichtet worden sein sollen. Er will das erneut prüfen und sonst die rote Mappe mit den Passkopien von Friedland anfordern und EU-Laissez-Passer in Angriff nehmen.

Dienstag, 2. Februar 2016

Es steht fest: Die mazedonische Familie fliegt am 9. Februar von Berlin Tegel zurück.

Donnerstag, 4.Februar 2016

Die „Bestätigung für die Ausreise mit dem Flugzeug am 09.02.2016 um 20:45 Uhr von Berlin/Tegel über Belgrad nach Skopje" sowie die entsprechenden Grenzübertrittsbescheinigungen liegen vor.

Die Dokumente sind heute per Boten von Friedland gekommen.

Die Serbin fühlt sich jetzt total vernachlässigt. Sie erklärt eindrücklich, dass sie nicht mit dem Flugzeug, sondern unbedingt mit dem Bus zurückreisen wolle. Das geht jedoch nur mit Pässen. Und die wurden nun definitiv, auch nach neuester Recherche, in Bramsche nicht gefunden. Also steht jetzt EU-Laissez-Passer als einzige noch verbleibende Möglichkeit fest.

Heute bin ich mit unserem neuen Kooperationspartner aus Bramsche in Sarstedt verabredet. Er möchte uns kennenlernen und sich das Camp ansehen. Vielleicht hat er die Zusage zum neuen Verfahren als „Mitbringsel" im Gepäck.

Er plaudert wohl gern und ich bekomme von ihm viele Informationen: Über das Verhältnis zwischen Friedland und Bramsche, seine langjährigen Erfahrungen mit freiwilliger Rückkehr, seine guten Beziehungen zur Politik, die gesetzlichen Grundlagen, die für Abschiebungen existieren, aber keine für freiwillige Rückkehr; über seine eigenen Initiativen und Vorstöße, seine augenblicklichen Bemühungen um Möglichkeiten für Syrer, in ihr Heimatland zurückzukehren; über alternative Finanzierungsmöglichkeiten, Hilfsorganisationen in Deutschland usw. usw.

Nur etwas Konkretes für unsere serbische Familie hat er nicht. Er will die Passkopien, wenn sie in den nächsten Tagen bei ihm ankämen, weiterleiten nach Osnabrück. Dort säße der Spezialist für das EU-Laissez-Passer-Verfahren. Er bestätigt, dass bei diesem Verfahren die Rückkehr nur per Flug möglich wäre. Eine Rückreise mit dem Bus ginge nur, wenn Pässe vorhanden wären. Und er hat natürlich auch eine Visitenkarte von einem Busunternehmen dabei, das diese Rückreise optimal durchführen würde.

Einen Tipp für die Fahrt der mazedonischen Familie von Hannover zum Flughafen Berlin Tegel hat er ebenfalls parat, der aber für uns nicht durchführbar ist. Das wird noch ein Problem. Die Mazedonier bekommen ebenso wie die Serben als Angehörige von Balkanstaaten lediglich das Ticket für die Rückreise von IOM finanziert. Sie erhalten keine Reisekosten, nicht einmal für die Fahrt von der Notunterkunft zum Flughafen Berlin Tegel oder von Skopje in ihre Heimatstadt und natürlich auch kein „Startgeld". Dafür steht ihnen nur das Taschengeld zur Verfügung, das sie bis zum Abreisetag ausbezahlt bekommen. Bei Nachfrage stellt sich heraus, dass die mazedonische Familie schon bis zum 15. Februar ausbezahlt ist. Sie muss aber wenigstens nichts zurückerstatten.

Die Johanniter versuchen, den Transfer zum Flughafen zu organisieren. Sie starten einen Hilferuf per Mail und über Facebook.

Freitag, 5. Februar 2016
Über Facebook melden sich mehrere, ganz konkret ein Mazedonier aus Hamburg, der bereit wäre, sie

von Sarstedt zum Flughafen Berlin Tegel zu bringen. Aber er verlangt Bezahlung. Das ist keine Lösung. Bis zum Nachmittag kommen keine weiteren Angebote. Daraufhin will nun der Einsatzleiter selbst die Familie am kommenden Montag nach Berlin bringen. Und wer fungiert als Begleiter/in? Die Kroatin aus der Küche hat nächste Woche Urlaub wegen wichtiger Termine am Montag und Dienstag, die sie nicht verschieben kann. Sie kommt also nicht in Frage. Schließlich erklärt sich die Johanniter-Mitarbeiterin des Medienservice bereit. Sie möchte diese Gelegenheit nutzen und darüber berichten.

Montag, 8. Februar 2016
Wir bereiten die Abreise vor. Ich übergebe die Dokumente an die Begleiterin. Die IOM-Bescheinigung enthält eine Code-Nr. Damit erhalten sie am Schalter im Flughafen ihre Tickets. Das Gepäck ist gewichtsmäßig genau begrenzt. Die GÜB muss erst bei der Kontrolle abgegeben werden und wird anschließend nach Friedland zurückgeschickt.

Die Familie besitzt gar keine Gepäckstücke. Die Kleiderkammer muss aushelfen. Ein neues Problem taucht auf: Dürfen sie die Kinderkarre mit ins Flugzeug nehmen? Ein Anruf bei IOM in Nürnberg ergibt: Die Kinderkarre gilt als „Sondergepäck" und darf mitgenommen werden.

Dienstag, 9. Februar 2016

Die Familie macht sich fertig zur Abreise. Der Mazedonier war gestern beim Friseur und hat sich einen modernen „Undercut" schneiden lassen. Sein kleiner, nicht einmal dreijähriger Sohn hat den gleichen Haarschnitt. Seine Frau hat sich ebenfalls herausgeputzt, hat ihre Haare gestylt und sich geschminkt. Sie scheinen sich sehr auf ihre Heimreise zu freuen.

Die Begleiterin – der Medienservice – macht Fotos von der Familie und ihrer Parzelle, dem Unterbringungsort, den sie nun verlassen.

Die Serbin, die mit ihren Kindern dieselbe Parzelle bewohnt hat, jammert lautstark und beklagt weinend ihr anschließendes Alleinsein.

Um 13:00 Uhr erfolgt die Abfahrt mit den Johannitern nach Berlin. Vorher frage ich die Begleiterin, ob sie die Dokumente bei sich habe. Sie bekommt einen großen Schreck und holt sie schnell aus ihrem Büro.

Der Abschied wird tränenreich, vor allem zwischen den beiden Familien, die seit Monaten unzertrennlich waren und sich nun trennen müssen. Die Serbin ist untröstlich über ihre Abreise und voller Angst vor dem Alleinsein.

Unser neuer Partner aus Bramsche meldet sich von „unterwegs" und teilt mir die Adresse des zuständigen Sachbearbeiters für EU-Laissez-Passer in Osnabrück mit. Für das Verfahren sei jedoch ein neuer IOM-Antrag erforderlich. Außerdem brauche er ein richtiges Passbild von jedem Familienmitglied. Er habe es mit den Fotos von der BÜMA versucht, das reiche aber nicht aus.

Am Abend, nach der Rückkehr aus Berlin, berichtet der Einsatzleiter über ihre Eindrücke am Berliner Flughafen. Viele freiwillige Rückkehrer seien versammelt gewesen. Ein großes Spruchband: „37.000 verlassen freiwillig die Bundesrepublik" habe sie empfangen. Die Formalitäten hätten reibungslos geklappt und die Mazedonier hätten sofort Anschluss unter Ihresgleichen gefunden.

Mittwoch, 10. Februar 2016

Die Serbin hat sich mit ihren Kindern in der Parzelle verbarrikadiert. Mit Hilfe der Dolmetscherin aus der Sanitätsstation erkläre ich ihr mühsam, wie es jetzt mit ihrer Rückkehr weitergehe. Vor allem brauchen wir Original-Passbilder. Wir haben für morgen den Transporter von der Sanitätsstation mit drei Kindersitzen organisiert und wollen in die Stadt zum Fotografen fahren. Sie antwortet, wie schon erwartet, dass sie kein Geld hätte – auch nicht für Passbilder. Wir erklären ihr, dass sie morgen vor der Abfahrt noch einmal Taschengeld bekomme. Ich hatte vorher schon in der Zahlstelle abgeklärt, dass sie bis 15. Februar bereits Taschengeld erhalten hat. Die Zahlstelle ist bereit, ihr bis zum 29. Februar Taschengeld auszuhändigen. Ich verabrede, dass dies unbedingt in meiner Gegenwart erfolgen solle, damit auch tatsächlich genügend Geld für die Fotos zur Verfügung steht. Wir werden also morgen gemeinsam das Geld abholen.

Donnerstag, 11. Februar 2016

Als wir in die Parzelle kommen, ist die Serbin gar nicht da. Wir warten eine Weile. Auf meine Frage, ob die Serbin Nachricht von der mazedonischen Familie bekommen hätte, dass sie gut zu Hause angekommen wären, erzählt die Dolmetscherin: Sie hätten überhaupt keinen Kontakt zueinander. Sie wären in letzter Zeit auch zerstritten gewesen. Die Serbin hätte sich an alles „drangehängt", Einkaufen usw. Allein sei sie total hilflos. Zu Hause hätte sie einen Mann, ohne ihn ginge nichts.

Ich finde das merkwürdig; denn aus den Formularen und ihren bisherigen Aussagen ergeben sich unterschiedliche Informationen: Mal ist sie „ledig", mal hat sie einen Mann in Serbien. Mal hat sie ein Haus, mal keine Wohnung in Belgrad. Es ist alles so widersprüchlich.

Die Dolmetscherin erzählt weiter, was die Serbin ihr anvertraut hätte: Der Mazedonier wäre in seiner Heimat mehrfach straffällig geworden. Trotzdem wollte er unbedingt zurück. Seine Frau wäre lieber hiergeblieben, folgte ihm aber. Wahrscheinlich würde er schon am Flughafen in Skopje verhaftet und eingesperrt.

Als die Serbin schließlich kommt, ist sie beleidigt. Sie hätte gestern auf mich gewartet, da wären sie fertig gewesen. Heute und jetzt hätte sie nicht mit mir gerechnet. Sie müsste erst noch Kaffee trinken.

Bei der Taschengeldausgabe liegt das Geld schon für sie bereit. Ich zweige einen Teil für die Passbilder ab und händige ihr den Rest aus. Ich organisiere den Transporter mit drei Kindersitzen über die Einsatzleitung. Vom Fotografen lassen wir professionelle Passbilder anfertigen – mit Nachbestell-Nummer für 5 Jahre! Zurück im Camp fertige ich einen neuen IOM-Antrag aus und lasse die Serbin durch ein Kreuz „unterschreiben". Antrag und Fotos schicke ich noch am Nachmittag per Post nach Osnabrück, dazu eine Mail mit Ankündigung und Bitte um rasche Bearbeitung.

Dienstag, 16. Februar 2016

Es sind schon wieder 5 Tage vergangen. Ich frage in Osnabrück nach. Angeblich ist die Post noch nicht beim Sachbearbeiter angekommen, obwohl sie persönlich an ihn adressiert war. Er will nachforschen. Nach einiger Zeit ruft er zurück. Er hat den Briefumschlag nun „gefunden" und sagt zu, das Verfahren jetzt in die Wege zu leiten. Er kündigt eine Zwischen-Information über den Stand der Dinge bis zum Ende der Woche an.

Wegen der letzten Nachricht bin ich aus einer Supervisions-Runde der Gruppenleiter beim Hospizverein hinausgelaufen …

Das geht eigentlich gar nicht!

Mittwoch, 17. Februar 2016

Wir müssen der Serbin erklären, warum es immer noch nicht weitergeht. Ich sage es knapp und die Kroatin aus der Küche „übersetzt" wie üblich sehr ausführlich.

Donnerstag, 18. Februar 2016

Am frühen Nachmittag ruft zunächst LAB Friedland an: Die Original-Pässe der serbischen Familie seien wieder da. Ein paar Minuten später meldet sich die kooperative Mitarbeiterin vom BAMF, die uns schon öfter bei der Dokumentensuche geholfen hat. Sie berichtet, sie hätten einen neuen Mitarbeiter, der sich nur um die Dokumente kümmere. Der habe „beim Aufräumen" die Pässe gefunden. Eine Viertelstunde später kommt die Nachricht aus Osnabrück: Das EU-Laissez-Passer-Verfahren liefe jetzt und käme zügig voran.

Freitag, 19. Februar 2016

Nun will die LAB Friedland wieder selbst den IOM-Antrag bearbeiten – mit Hilfe der Pässe. Osnabrück habe er schon informiert und gebeten, das EU-Laissez-Passer-Verfahren zu stoppen. Nunmehr sei ja auch eine Rückreise mit dem Bus möglich.

Ich schicke per Mail die Daten des Busunternehmens nach Friedland, mit dem unser neuer Kooperationspartner in Bramsche so gute Erfahrungen gemacht hat. Es holt die Reisenden an einem vorher verabredeten Standort ab, z.B. vom

Parkplatz an der Hildesheimer Börde auf der A 7, sodass keine Anfahrtskosten entstehen. Es fährt durch alle Länder und setzt die Reisenden am gewünschten Ort ab. Es ist dabei preiswert und für IOM ist es egal, mit wem sie abrechnet. Die LAB muss ohnehin vorfinanzieren und bekommt dann die Rechnung durch IOM erstattet.

Ich erhalte Genehmigung und Auftrag, mit dem Busunternehmen Kontakt aufzunehmen und die Einzelheiten zu klären.

Als ich der Serbin die Neuigkeiten erkläre, jammert sie nur, dass sie kein Geld mehr hätte.

Montag, 22. Februar 2016

LAB Friedland weist darauf hin, dass der bei ihnen vorliegende IOM-Antrag vom 30.10.2015 datiert. Er ist jetzt nicht mehr gültig. Ob wir auch einen Antrag von 2016 hätten. Ich antworte, dass ich den neuen Antrag, zusammen mit den Passbildern, nach Osnabrück geschickt hätte. LAB Friedland will heute noch die Unterlagen zur weiteren Bearbeitung von Osnabrück anfordern.

Ein Johanniter-Teamleiter berichtet mir, dass im hausinternen System schon seit längerer Zeit die Anwesenheit der serbischen Familie nicht mehr registriert sei. Das ist ein Zeichen, wie abhängig die Serbin von den Mazedoniern war. Seit ihrer Abreise ist sie hilflos. Er erzählt mir auch, dass er die Serbin letzte Woche mit einem Mann beobachtet habe, der mit großen Geldscheinen hantierte.

Mir sagt sie ganz aufgeregt – die Dolmetscherin aus der Sanitätsstation übersetzt – sie hätte heute Nacht nicht schlafen können. Ein Mann wäre bei ihr in der Parzelle gewesen ... Wollte er etwas stehlen oder etwas von ihr? Darauf antwortet sie nicht. Wir empfehlen ihr, sich an die Security zu wenden.

Bei der Gelegenheit erklären wir ihr, wie das hausinterne System funktioniere und wie sie es benutzen solle.

Dienstag, 23. Februar 2016
Die Nachfrage bei der LAB Friedland ergibt, dass die Unterlagen aus Osnabrück noch nicht angekommen sind.

„Der Postweg durch die Behörden kann lange dauern."

Vorsichtshalber erstelle ich einen neuen IOM-Antrag, lasse ihn von der Serbin wieder durch ein Kreuz „unterschreiben" und lege ihn mit deutlichem Hinweis zur Post nach Friedland. Der Bote holt die Post am Donnerstag zum nächsten Mal ab. Entweder ist bis dahin die Post aus Osnabrück da oder der neue Antrag kommt per Boten nach Friedland.

Donnerstag, 25. Februar 2016
Die Post für Friedland lag bereit, der Kurier war auch da, aber er hat die ganze Post von Sarstedt für Friedland nicht mitgenommen. Wir können nicht warten, bis er das nächste Mal, am Dienstag,

kommt. Also scannen wir in der Registratur den IOM-Antrag und schicken ihn per Mail nach Friedland

Freitag, 26. Februar 2016

IOM genehmigt die Rückreise mit dem gewünschten Busunternehmen. Wir verabreden als Abfahrttermin Donnerstag, den 3. März gegen 13:00 Uhr auf dem Parkplatz an der Hildesheimer Börde zur Weiterfahrt auf der A 7 Richtung Süden.

Die Serbin will wissen, wann der Bus in Belgrad ankommen wird. Sie würde von ihrem Mann abgeholt.

Dienstag, 1. März 2016

Pässe und Grenzübertrittsbescheinigung (GÜB) für die serbische Familie kommen mit dem Kurier aus Friedland.

Ich halte zum ersten Mal die Original-Pässe in der Hand. Sie wirken immer noch ganz frisch und neu, wurden am 10.08.2015 ausgestellt. Der Ausreisestempel aus Serbien trägt das Datum 28.08.2015.

Mittwoch, 2. März 2016

Die Vorbereitungen laufen: Die Kroatin aus der Küche „bespricht" mit ihnen die Einzelheiten. Die Zahlstelle soll das restliche Taschengeld auszahlen. Der stellvertretende Einsatzleiter organisiert den Transporter für die Fahrt zur Hildesheimer Börde. Er wird morgen rechtzeitig losfahren. Ich übergebe ihm die GÜB und die Pässe mit dem ausdrücklichen Hinweis, die Dokumente nicht der Serbin, sondern dem Busfahrer zu übergeben. Dieser soll sie dann erst bei Grenzübertritt bzw. bei Ankunft in Belgrad aushändigen, damit die Serbin mit ihren Kindern nicht unterwegs aussteigt.

Donnerstag, 3. März 2016
Zwei Stunden vor der Abfahrt wird es noch einmal dramatisch: Die Serbin steht mit ihren Kindern weinend in der Verwaltung. Sie wüsste nicht, was sie machen sollte, wo ihre Pässe wären, die Mitarbeiter von der Zahlstelle wollten sie doch schon längst geholt haben ...

Um 13:50 Uhr – der Bus hatte Verspätung – meldet der stellvertretende Einsatzleiter:

„Ich habe die Serben gerade in den Bus gesetzt!"

Gut gelaufen

Zu dem Zeitpunkt, als die freiwillige Rückkehr der serbischen und mazedonischen „Wirtschaftsflüchtlinge" auf dem Höhepunkt der Aussichtslosigkeit angelangt ist, bekommen wir einen neuen Fall angetragen: Ein 30jähriger Iraner – auf den meisten Unterlagen wird der „1.1. ..." als Geburtsdatum eingetragen, weil sie ihr genaues Geburtsdatum nicht wissen, nicht angeben können oder wollen und keinen Ausweis mehr besitzen – möchte zurück. Er wurde vor zwei Jahren geschieden und hat eine 2 ½ jährige Tochter, die bei den Großeltern aufgewachsen ist. Vor fünf Monaten ist die Großmutter verstorben und vor einer Woche auch der Großvater. Nun will er unbedingt sofort zurück in den Iran und sich um seine Tochter kümmern. Sie ist zurzeit bei einer Tante.

Er ist erst seit gestern registriert. Er wurde – nach seinen eigenen Worten – im Iran „verfolgt". Warum, sagt er uns nicht. Er ist wie üblich auf der Balkanroute geflohen. Einen Pass hat er nicht, nur seinen Ausweis auf Handy gespeichert. Geld hat er ebenfalls nicht, das sei aber kein Problem. Geld könne er sich in zwei bis drei Tagen beschaffen, „und wenn ich mein Haus verkaufen muss".

Man müsste also bei der iranischen Botschaft anfragen. Unser Dolmetscher in der Registratur –

ein syrischer Kurde – will damit nichts zu tun haben. Er hat Angst, um sich und seine Familie.

Wir prüfen die Alternativen. Könnte man das Asylverfahren beschleunigen und die Tochter nachholen? Für Iraner gibt es keine Sonderregelung. Die Anerkennungsquote ist in den Bundesländern unterschiedlich, in Niedersachsen immerhin sehr hoch, aber alles in allem doch nur bei etwa der Hälfte der Anträge. Die Bleibeperspektive ist also unsicher, die Familienzusammenführung ebenfalls. Auf jeden Fall würde alles viel zu lange dauern. Zurzeit beträgt die Wartezeit etwa 16 Monate nach dem Erstinterview. Damit würde in etwa zwei Jahren entschieden, ob er überhaupt bleiben kann oder nicht. Er muss also so schnell wie möglich freiwillig zurück.

Wir melden der LAB Friedland diesen neuen Fall der freiwilligen Rückkehr. Für die PEP-Ausstellung sei das Iranische Konsulat in Hamburg zuständig. Nach seiner Erfahrung prüfe man dort aber ganz genau und man müsse erst den Flug buchen, bevor man die Dokumente ausgehändigt bekomme.

Der Dolmetscher aus der Registratur ruft an. Er solle mir von dem Iraner berichten: Er habe bei der iranischen Botschaft angerufen und fahre morgen selbst zum Generalkonsulat nach Hamburg.

Nun hat der Dolmetscher sich doch getraut, Kontakt zum Konsulat in Hamburg aufzunehmen und nach der offiziell richtigen Vorgehensweise zu fragen. Er ist ganz angetan von einer sehr freundlichen jungen Mitarbeiterin, die ihm bereitwillig Auskunft erteilt hat:

1. Verwandte oder Bekannte müssen im Iran beim Außenministerium vorhandene Dokumente oder Daten auf ihre Richtigkeit überprüfen lassen.
2. Wenn der Nachweis über ihre Stimmigkeit erbracht ist, schickt das Außenministerium ein entsprechendes Fax an das Konsulat Hamburg.
3. Das Konsulat erklärt in einem Schreiben die Bereitschaft zur Ausstellung eines PEP.
4. Dieses Schreiben geht bei vorhandenem Geld an die LAB oder vorher zur Finanzierung der Rückreise an IOM.
5. Die LAB stellt die Grenzübertrittsbescheinigung (GÜB) aus.
6. Es wird ein Ticket für einen Direktflug nach Teheran gebucht.
7. Mit einem Passbild, der GÜB und dem Ticket erhält der Flüchtling die Original-PEP vom Konsulat und kann dann in sein Heimatland fliegen.

Bei unserem Iraner sind wir noch nicht vorschriftsmäßig nach diesem Muster vorgegangen. Deshalb haben wir auch bisher nichts erreicht. Doch nun läuft alles richtig: Er hat seinen Ausweis vom Handy nach Hause geschickt. Damit sind die

Verwandten schon beim Außenministerium gewesen und nun geht alles seinen Gang.

Er ist jedoch noch gar nicht registriert. Soll er eine BÜMA bekommen? Ja, unbedingt – wegen Taschengeld und GÜB. Beides würde er ohne Registrierung nicht erhalten können.

Einen Tag vor Heiligabend ruft der Dolmetscher an, die Grenzübertrittsbescheinigung (GÜB) aus Friedland – gültig bis 11. Januar 2016 sei da. Ein Pass-Ersatz-Papier (PEP) vom Konsulat Hamburg gebe es jedoch nur, wenn ein Direktflug nach Teheran oder eine iranische Fluggesellschaft gebucht würde. Das ist ein Problem. Der Direktflug ist zu teuer. Die Lufthansa verlangt etwa 2500 Euro. Im Internet finde ich jedoch einen Direktflug von Berlin nach Teheran für 200 Euro und maile dieses Angebot an den Dolmetscher.

Am 27. Dezember ist der Iraner wieder zu Hause. Er hat einen Direktflug mit der iranischen Fluggesellschaft von Hamburg nach Teheran gebucht, wie es das Konsulat vorschreibt. Das fehlende Geld hat er sich geliehen.

Später berichtet unser Dolmetscher aus der Registratur: Es gehe ihm richtig gut im Iran. Er habe Fotos auf sein Handy geschickt – mit elegantem Anzug vor seinem Haus ...

Paranoide / hebephrene Schizophrenie

Eine Woche vor Weihnachten bekommen wir einen Hilferuf aus der Registratur:

„Ein 25jähriger Iraner – er spricht nur Farsi – war seit 8. Dezember im AMEOS Klinikum in Hildesheim und wird nun entlassen nach Sarstedt. Er will zurück in den Iran."

Die Mitarbeiter kennen schon meine Fragen, die jetzt kommen:

„Hat er Papiere, hat er Geld?"

„Nein, keine Papiere und kein Geld."

„Dann wird es sehr schwierig und langwierig."

Aber wir wissen ja jetzt, wie es geht. Neu wird nur die Variante mit dem IOM-Antrag.

Es stellt sich jedoch heraus, dass es wohl doch komplizierter wird. Einen Tag vor Heiligabend teilt uns der Dolmetscher aus der Registratur mit, dass der Iraner aus dem AMEOS Klinikum entlassen und jetzt wieder im Camp sei. Er habe angeblich keine Verwandten oder Bekannten, die eine Identitäts-Prüfung mit dem Außenministerium für ihn regeln könnten. Der Dolmetscher will sich beim Konsulat erkundigen, wie es jetzt weitergehen soll.

Bisher haben wir nur von ihm und über ihn gehört. Gestern bekamen wir von dem Dolmetscher der Registratur als letzte Information, dass er ihn noch einmal „verhört" habe, ob er wirklich zurückwolle. Er hätte es eindeutig bejaht. Aber die Security sei der Meinung, er mache Probleme und solle besser verlegt werden. Heute lernen wir ihn persönlich kennen. Als wir die IOM-Anträge und die Botschafts-Unterlagen für die beiden afghanischen Brüder, die in den Iran zurückwollen, ausfüllen, ist er dabei. Wir haben dafür extra einen Farsi-Dolmetscher organisiert.

Während wir die Formulare bearbeiten, „kaspert" er herum. Mal grinst er, mal starrt er uns an, mal lacht er laut, mal schneidet er Grimassen. Mal steht er von seiner Bank auf und setzt sich mit dem Rücken zu uns auf den Tisch, mal legt er seinen Kopf auf den Tisch, mit dem Gesicht nach unten, tut so, als ob er schlafe. Anne beobachtet ihn genau. Sie fragt ihn manchmal etwas auf Englisch, daraufhin grinst er, scheint also kein Englisch zu verstehen. Als wir unsere Formulare ausgefüllt haben, wenden wir uns ganz ihm zu. Der Dolmetscher übersetzt.

Sein Vater ist tot. Zu seiner Mutter hat er keinen Kontakt. Ein Handy hat er nicht, aber Telefon-Nummern im Kopf. Einen Pass besitzt er nicht, weiß aber die Nummer auswendig. Er meint, er könne alles selbst machen und brauche sich nicht helfen zu lassen. Er will allein nach Hamburg fahren und sich einen neuen Pass besorgen – die Nummer hätte er ja. Auf unsere Fragen, wie das alles laufen solle, antwortet er nicht. Der Dolmetscher verliert die Geduld, wird immer aggressiver.

Er redet massiv auf ihn ein, sich endlich kooperativ zu verhalten. Der Iraner lacht nur darüber. So kommen wir nicht weiter. Wir brechen das Gespräch erst einmal ab und müssen überlegen, wie es mit ihm weitergeht.

Anne als ausgebildete und geprüfte Heilpraktikerin für Psychotherapie, ist sich ziemlich sicher, dass er eine „hebephrene Schizophrenie" hat. Typisch sei sein kindliches, unkontrolliertes, aber zugleich provozierendes Verhalten. Sie meint, dass diese Art „harmlos" und nicht gefährlich sei. Von ihm ginge also keine „Fremdgefährdung" aus.

Später treffen wir den Dolmetscher, seinen „normalen" Dienst verrichtend, auf der Sanitätsstation wieder. Er erklärt uns sein Verhalten von vorhin. Er habe im Iran eine Ausbildung als Herren-Friseur absolviert. Er sei auch stolz auf sein Heimatland. Doch nun sei er hier in Deutschland und bemühe sich um eine erfolgreiche Integration. Und wenn dann ein Landsmann sich so verhalte und damit das iranische Volk verunglimpfe, dann fühle er sich persönlich angegriffen und gekränkt. Anne macht ihm deutlich: Wenn eine „hebephrene Schizophrenie" vorliege, wie sie vermute, dann habe er falsch reagiert. Auf diese Weise würde man ihn zu nichts bewegen können. Wir werden wahrscheinlich nur weiterkommen, wenn wir „hintenherum", ohne ihn selbst, etwas unternehmen. Wir verabreden, dass der Dolmetscher versuchen solle, mit seiner Mutter im Iran Kontakt aufzunehmen.

Wir fragen die Leiterin der Sanitätsstation, ob sie uns zu diesem Fall etwas sagen könne. In der Regel weigert sie sich und beruft sich auf die Schweigepflicht.

„Ich kann nur so viel sagen. Er hat eine paranoide Schizophrenie und alle haben Angst vor ihm."

Zu Hause vergewissern wir uns noch einmal:

Die „hebephrene Schizophrenie" tritt vor allem bei Jugendlichen und jungen Erwachsenen im Alter zwischen 15 und 25 Jahren auf. Sie wirken auffallend „läppisch", realitätsfern, versponnen. Sie zeigen ein heiteres Benehmen, fallen durch ihr ständiges Lächeln, Grimassen oder Manierismen auf. Sie wollen anscheinend absichtlich provozieren oder verhöhnen. Ihr Verhalten ist für andere bizarr und unverständlich. Sie zeichnen sich durch Gefühlskälte und Unberechenbarkeit sowie eine zunehmende Willens- und Entscheidungsschwäche aus. Es geht also eigentlich von ihm keine Bedrohung für seine Mitmenschen aus.

Die „paranoide Schizophrenie" entwickelt sich meist später als die anderen Typen von Schizophrenie, tritt also in der Regel erst bei Menschen mittleren Alters auf. Sie ist gekennzeichnet durch Wahnvorstellungen wie Verfolgungswahn und Halluzinationen wie das Hören von Stimmen. Sie entwickeln starkes Misstrauen, auch gegenüber der Familie. Ihr Verhalten wird geprägt von Zorn und Angst. Sie wirken unruhig und streitsüchtig, werden von sich aus eher selten, aber bei Bedrohung durchaus gewalttätig.

Dieser Unterschied, vor allem die richtige Diagnose ist bei diesem Iraner so wichtig, weil sie auf der einen Seite sein eigenes Verhalten erklärt, auf der anderen Seite den richtigen und angemessenen Umgang mit ihm vorgibt. Bei hebephrener Schizophrenie brauchen die Mitmenschen keine Angst vor ihm zu haben.

Als wir nach dem Wochenende ins Camp kommen, berichtet uns der Farsi-Dolmetscher, dass er die Familie im Iran telefonisch erreicht habe. Sie habe überhaupt nichts von ihm gewusst, da er sich nie gemeldet habe. Es habe nach seinem Verschwinden keinerlei Kontakt gegeben. Es sei vollkommen überraschend für sie gewesen, dass er inzwischen in Deutschland angekommen sei und wo er sich jetzt befinde. Aber die Familie wolle ihn zurück im Iran haben. Nun solle ihm ein Bekannter in Deutschland ein Handy besorgen und sie wollten sich im Iran um seinen Identitäts-Nachweis beim Außenministerium kümmern.

Wir fahren am Nachmittag in das AMEOS Klinikum Hildesheim, um etwas Genaueres über ihn und seine Krankheit in Erfahrung zu bringen. Wir sprechen mit einer Sozialarbeiterin und einem Arzt. Beide können sich an ihn und seinen Fall genau erinnern. Aber sie drucksen herum, kommen nicht mit der Sprache heraus und berufen sich auf ihre ärztliche Schweigepflicht. Anne schildert ihnen unsere Eindrücke und ihre Auffassung über seine Krankheit. Wir erklären ihnen, dass diese Kenntnis so wichtig sei, weil der Unterschied zu einer entsprechenden besseren Beurteilung der Gefährdung von inzwischen weit über 1000 Flüchtlingen in der Notunterkunft Sarstedt führe. Wir bekommen schließlich immerhin so viel heraus, dass er bereits im Iran in psychischer Behandlung gewesen sei, dass Annes Diagnose zwar nicht ausdrücklich bestätigt werden könne, dass aber auch nach ihrer Einschätzung keine unmittelbare Fremdgefährdung von ihm ausgehe. Das genügt uns ja schon. Wir hinterlassen von uns aus die Nachricht, dass seine Familie ihn zurückwünsche und dass wir uns um seine freiwillige Rückkehr bemühen werden.

Am Donnerstag, dem 28. Januar soll er zurück in den Iran fliegen. Jeden Donnerstag um 11:30 Uhr findet ein Direktflug von Hamburg Fuhlsbüttel nach Teheran statt. Sein Bruder finanziert das Ticket. Die GÜB ist da, ein Pass-Foto hat er machen lassen. Vor dem Abflug muss er noch sein Original-PEP vom Konsulat in Hamburg abholen, das zum Glück nicht allzu weit vom Flughafen entfernt ist. Er kann also alles am Morgen des Abflugtages erledigen. Die Frage ist nur, wie wir das organisieren. Können wir ihn allein fahren lassen? Die Sanitätsstation ist der Meinung, dass eine Begleitung notwendig ist. Als Alternative könnte die

Bahnhofsmission helfen. Aber der Farsi-Dolmetscher, der sich in letzter Zeit so rührend für ihn und seine Familie eingesetzt hat, will sich um alles kümmern und ihn persönlich zum Flughafen nach Hamburg bringen.

Es geht alles gut!

Später sprechen wir mit dem Leitenden Mediziner der Johanniter über diesen Fall. Er war darüber ständig gut informiert, sogar während seines Skiurlaubs. Der Iraner wäre als Notfall in das AMEOS Klinikum eingewiesen worden. Für die Klinik wäre das wichtigste Kriterium, ob jemand entscheidungsfähig wäre oder nicht. Er hätte auch Medikamente verschrieben bekommen, aber nicht genommen.

Mitte Februar berichtet uns der Farsi-Dolmetscher, er habe Nachricht aus dem Iran. Er sei gut zu Hause angekommen und sei jetzt in einer Klinik für Psychiatrie und Psychotherapie in Rascht im Iran.

Die schlauen Brüder

Kurz vor Weihnachten macht uns der Dolmetscher aus der Registratur auf zwei junge Afghanen aufmerksam, die zurück wollen, keine Papiere, kein Geld haben und nur Farsi verstehen.

Anfang Januar erhalte ich weitere Informationen: Es handelt sich um zwei Brüder, 23 und 19 Jahre alt – offiziell „wie üblich" mit Geburtsdatum 1. Januar, die am 23. November in der Notunterkunft angekommen sind und am 8. Dezember registriert wurden. Sie besaßen zunächst keine Ausweise, sondern nur ein Familienregister, haben sich dann aber aus der Heimat über Handy ihre Papiere schicken lassen. Ihre Heimat ist der Iran. Dort sind sie geboren und dort leben sie. Nach Auskunft des iranischen Konsulats bleiben sie dennoch afghanische Staatsbürger und müssen deshalb auch bei der afghanischen Botschaft Pässe beantragen.

Unser Partner in Braunschweig will die beiden Brüder am 13. Januar zur Botschaft nach Berlin mitnehmen, um Pässe für sie zu beantragen. Sie sollen am Nachmittag davor anreisen und im Camp der LAB Braunschweig übernachten – nach dem gleichen Muster wie bei dem anderen Afghanen, bei dem alles so glatt gelaufen ist.

Wir müssen nur noch klären, wie wir die Rückreise der Afghanen in den Iran hinbekommen. Gibt es eine Aufenthaltsgenehmigung oder ein Visum für den Iran oder eine Weiterflugbestätigung von Afghanistan in den Iran? Zur Not müssen sie nach Kabul fliegen und von dort auf eigene Faust in den Iran weiterreisen. Damit wären sie einverstanden.

Bevor sie nach Berlin fahren, müssen wir die IOM-Anträge ausfüllen. Zusätzlich benötigen sie eine „Passport Application Form", die sie nach Berlin mitnehmen müssen. Wir füllen die Formulare zusammen mit einem Farsi-Dolmetscher aus, den wir extra hinzugezogen haben. Er soll uns auch bei dem Iraner mit der Schiziphrenie helfen, der ebenfalls anwesend ist und durch sein merkwürdiges Verhalten auffällt.

Erst am Vormittag des Tages, an dem die Brüder nachmittags in Braunschweig anreisen sollen, um am nächsten Morgen um 7:00 Uhr nach Berlin zu fahren, gehen wir noch einmal alles gemeinsam durch. Wir haben extra diesen kurzen Abstand gewählt, damit sie nichts vergessen. Sie machten die Tage davor einen unsicheren Eindruck und fragten ständig nach. Diesmal habe ich mir mit dem Ausweis- und Reisepapier noch mehr Mühe gegeben: Mit Zug-Abfahrtszeiten heute Nachmittag in Sarstedt, mit der Wegbeschreibung zu Fuß und mit dem Bus in Braunschweig, mit Kontaktdaten für die LAB Braunschweig und Hinweisen für die Security an der Wache. Zusätzlich habe ich diesmal einen extra großen und dicken Vermerk in Deutsch für die Passanten gemacht, den sie vorzeigen können, damit ihnen weitergeholfen wird. Außerdem haben wir zu diesem Gespräch den Afghanen hinzugezogen, der diese Prozedur schon hinter sich gebracht hat und bei dem alles so gut geklappt hat, obwohl auch er nur Farsi verstand. Er gibt ihnen nun als „Kollege" in seiner Landessprache noch einmal Tipps und schildert seine Erfahrungen. Mehr können wir nicht tun. Nun muss es eigentlich gut gehen. Wir müssen dann nur noch beim iranischen Konsulat die Aufenthaltsgenehmigung und das Visum für den Iran klären.

Am nächsten Morgen um 10 Minuten nach 7:00 Uhr kommt der Anruf aus Braunschweig:

„Wo bleiben die beiden Brüder? Sie sind nicht hier!"

Das ist ärgerlich, aber wir sind uns schnell einig. Er müsse und solle ohne sie losfahren.

Die Nachfrage beim Dolmetscher in der Registratur ergibt, dass er ihnen gestern zusätzlich noch einen Zettel gegeben habe. Obwohl ich ihnen alles genau aufgeschrieben hatte, wollten sie von ihm noch einmal die Adresse wissen.

Mittags bekomme ich einen Anruf aus Sarstedt: Die Brüder seien jetzt wieder da – zurück aus Braunschweig. Sie wären von der Security nicht durchgelassen worden.

„Das glaube ich nicht …"

Er will nachforschen und sich melden.

Zwei Tage später entschuldige ich mich in Braunschweig, weil ich befürchte, dass unser Kooperationspartner durch solche „Pannen" die Motivation an einer weiteren Zusammenarbeit mit uns verliert. Er beschwichtigt und erzählt, dass die beiden Brüder um 9:00 Uhr an der Wache nach ihm gefragt hätten. Daraus können wir nur schließen, dass sie einfach verschlafen haben. Wir lassen sie jetzt erst einmal ein bisschen zappeln.

Nach vierzehn Tagen kommen sie auf die Idee, dass sie auf eigene Faust nach Berlin fahren wollen und fragen nach einer Reiseerlaubnis. Die müsste von der LAB Friedland ausgestellt werden. Doch es bleibt nur eine Idee …

Unser Braunschweiger Kooperationspartner erklärt sich erneut bereit, sie zur Botschaft mitzunehmen und gibt als Termin Donnerstag, den 4. Februar an.

„Ihre Unterlagen liegen noch unerledigt bei mir auf dem Schreibtisch."

Der Termin wird noch einmal verschoben auf den 11. Februar.

Diesmal fertige ich noch ausführlicher und genauer das „Begleitpapier" für ihre Fahrt nach Braunschweig aus und spreche es schon drei Tage vorher mit ihnen durch. Die Dolmetscher bitte ich, sie täglich zu erinnern und darauf aufmerksam zu machen. Sie kommen ohnehin jeden Tag vorbei und fragen.

Am Mittag vor der Abfahrt nach Braunschweig sorgt der Dolmetscher dafür, dass die beiden Brüder tatsächlich losfahren. Ich melde den Vollzug nach Braunschweig und teile vorsichtshalber die Handy-Nummer des jüngeren Bruders mit.

Diesmal geht alles gut: Die pünktliche Abfahrt nach Berlin, die Passausstellung und die Rückfahrt nach Braunschweig. Die Brüder werden sogar zum Bahnhof gebracht und erhalten von der LAB ein Ticket für die Zugfahrt nach Sarstedt – „ausnahmsweise!"

Friedland ist jetzt „zwei Tage nicht da" und will Mitte nächster Woche den IOM-Antrag mit Nachweis der vorhandenen Pässe bearbeiten und in Nürnberg einreichen. Er rechnet mit dem Abflug in der 2. Märzwoche. Der Dolmetscher in der Registratur hat beim iranischen Konsulat in Hamburg endgültig abgeklärt, dass es für sie als Afghanen weder Visum noch Aufenthaltsbescheinigung für den Iran gebe. Sie müssen also nach Kabul fliegen und von dort auf eigenes Risiko und eigene Kosten in den Iran weiterreisen. Das wollen sie auch und ebenso ist der IOM-Antrag formuliert.

Nachdem noch die Frage der Volkszugehörigkeit geklärt ist, wird einige Tage später endlich der Antrag für die beiden Brüder abgeschickt.

Obwohl wir ihnen den ungefähren Zeithorizont bis zu ihrem Abflug vermitteln, sehen sie uns von nun an jeden Tag, an dem wir sie treffen, erwartungsvoll und herausfordernd an und fragen nach. Und sie suchen uns fast jeden Tag …

Ende Februar kann ich ihnen ankündigen, dass mit dem konkreten Abflugtermin in den nächsten Tagen zu rechnen sei.

Am Mittwoch, den 9. März kommt die offizielle IOM-Bestätigung für die Ausreise mit dem Flugzeug von Frankfurt a.M. nach Kabul am 15.03 2016 – Abflug um 20:30 Uhr von Frankfurt über Dubai nach Kabul, Ankunft um 12:10 am 16.03.2016. Ihre Pässe und die GÜB sollen morgen per Kurier aus Friedland kommen. Jeder erhält kurz vor der Abfahrt sein restliches Taschengeld und eine „Reisebeihilfe" von 200 Euro. Je 500 Euro „Starthilfe" gibt es am Flughafen Frankfurt durch IOM-Mitarbeiter.

Ich suche sie in ihrer Parzelle auf und verkünde ihnen die langersehnte frohe Botschaft. Sie sind glücklich. Als ich die 500 Euro Starthilfe erwähne, richtet sich ein Nachbar auf seiner Matratze auf:

„Ich will auch zurück!"

Taschengeld wurde schon bis Ende März ausgezahlt. Ihnen stehen nur noch die Reisekosten zu. Ich rate ihnen, so schnell wie möglich ihre Zugfahrkarten nach Frankfurt zu besorgen.

Am nächsten Tag bringt der Kurier Pässe, GÜB und „Transferbescheinigungen", die von der afghanischen Botschaft schon am 11. Februar ausgestellt wurden – gültig für 2 Monate. Ob sie damit in den Iran kommen?

Der verlorene Sohn

Anfang Februar – wir sind gerade mit der Abfahrt der mazedonischen „Wirtschaftsflüchtlinge" beschäftigt – bringt der Security-Leiter eine alte Frau in die Registratur und bittet um Hilfe. Sie ist ganz in schwarz gekleidet, mit Kopftuch, und macht einen sehr mitgenommenen Eindruck. Sie weint ständig, senkt ihren Kopf zu Boden oder sieht uns verzweifelt an. Laut Security-Leiter, der zugleich dolmetscht, ist sie in ärztlicher Behandlung und nimmt Antidepressiva.

Nach und nach, auch mit Hilfe der BÜMAs können wir ihre Leidensgeschichte zusammenfügen: Sie kommt aus Afghanistan, war Lehrerin in Kabul. Die Familie wurde zuletzt verfolgt und gequält. Sie haben ihr Haus verkauft und mit dem Geld ihre Flucht organisiert: Sie ist 46 Jahre alt, wesentlich jünger als sie jetzt aussieht, bei ihr sind ihr 50jähriger Mann und fünf Kinder, drei Söhne – 24, 17 und 13 Jahre alt – und zwei Töchter – 16 und 11 Jahre alt. Der älteste 24jährige Sohn, selbst Lehrer, nahm seine 20jährige Frau und zwei kleine Kinder mit – das eine zwei Jahre, das andere gerade 7 Monate alt. Auf der Flucht durch den Iran wurde die 10köpfige Familie auseinandergerissen und floh weiter getrennt voneinander. Der älteste Bruder mit seiner Familie sowie drei Kinder, also sein jüngster Bruder und die zwei Schwestern kamen am 27. Dezember 2015 in Sarstedt an. Mutter und Vater erreichten die Notunterkunft am 11. Januar 2016. Es fehlte der 17 jährige Sohn und Bruder. Er wurde im Iran festgenommen, drei Tage im Gefängnis geschlagen und gefoltert. Dabei erlitt er Schäden am Kopf und an seiner rechten Niere. Dann wurde er zurück nach Kabul geschickt. Dort irrt er nun umher und keiner kümmert sich um ihn. Und wenn er irgendwo untertaucht, auch nur für kurze Zeit, muss er dafür Schmiergeld bezahlen. Er ist auf Handy erreichbar, besitzt auch einen Pass, wagt aber nicht erneut die Flucht durch den Iran. Daran zerbricht die Mutter.

Ich spreche mit unserem Afghanistan-Experten in Braunschweig. Er hat einen derartigen Fall noch nicht erlebt und weiß unmittelbar keinen Rat. Vielleicht sollte man mit der deutschen Botschaft in Kabul Kontakt aufnehmen.

Ich suche mir die Adresse im Internet heraus und schicke am Nachmittag eine Mail an die Botschaft. Darin schildere ich ausführlich das Problem und bitte um Hilfe. Ich warte vergeblich auf Antwort. Am Sonntag – die Botschaft in Kabul ist sonntags geöffnet und der Zeitunterschied beträgt 3 ½ Stunden – wiederhole ich unsere Bitte. Am Dienstag kommt die Antwort vom Auswärtigen Amt:

„Bei der Deutschen Botschaft in Kabul kann ein Antrag auf Visumerteilung zur Familiennachzug gestellt werden, wenn über die Asylanträge der Familie in Deutschland entschieden worden ist."

Wir informieren die Familie. Sie ist auf der einen Seite glücklich, dass sich überhaupt etwas bewegt, auf der anderen Seite natürlich nicht zufrieden mit diesem Ergebnis. Die Mutter war gestern wieder im Krankenhaus, ist jedoch heute schon zurückgekommen. Am Nachmittag muss sie zum Hausarzt, um sich neue Antidepressiva verschreiben zu lassen. Sie haben keine Geduld und halten diesen Schwebezustand nicht aus. Sie denken: Entweder kommt ihr verlorener Sohn rasch zu ihnen oder sie müssen zurück.

Das ist das Dilemma: Die Familie kommt aus Afghanistan. Inzwischen kommen immer mehr afghanische Flüchtlinge hier an. Im Camp bilden sie mit Abstand die größte Gruppe, weit vor den Irakern und Syrern. Doch die „Schutzquote", d.h. der positive Ausgang des Asylverfahrens und damit die „Bleibeperspektive" für Afghanen liegt unter 50 Prozent. Bei Irakern beträgt sie fast 90 Prozent, bei Syrern sogar knapp unter 100 Prozent. Die Bearbeitung des Asylantrags für Afghanen dauert zurzeit etwa 16 Monate ab Erstinterview, also insgesamt bis zu zwei Jahre. Und diese „Schere" öffnet sich tendenziell immer weiter: Die Zahl der afghanischen Flüchtlinge nimmt zu, die Schutzquote verringert sich.

Was tun? Eigentlich müssten wir ihnen die Wahrheit sagen: ‚Es kann bis zu zwei Jahre dauern, bis Ihr überhaupt wisst, ob Ihr hierbleiben dürft und dann Euren Sohn/Bruder nachholen dürft'. Aber – das bestätigen inzwischen auch Experten – möglicherweise bewirkt gerade diese Perspektivlosigkeit größere psychische Probleme als eine Posttraumatische Belastungsstörung durch Krieg, Gewalt oder Flucht.

Wir versuchen erst einmal eine Zwischenlösung, die sie noch hoffen lässt: Sie sollen ihre persönliche Geschichte aufschreiben, damit man überhaupt ermessen kann, ob diese als Basis für eine positive Asylentscheidung ausreicht. Tatsächlich besteht eventuell eine Möglichkeit, dies vorab ungefähr beurteilen zu können. Die Schwester unseres Dolmetschers aus der Registratur ist Dolmetscherin bei Entscheidern über Asylverfahren. Vielleicht könnte auf diesem Weg eine grobe Beurteilung ihrer Chancen erfolgen.

Zwei Tage später ist der Bericht fertig, in Englisch und in Arabisch, verfasst vom ältesten Sohn, aus der Sicht und mit Unterschrift des Vaters – nach patriarchalischer Familienkultur:

Zwei bewaffnete Männer wären zu ihnen nach Hause gekommen und hätten verlangt, ihre Tochter zu heiraten. Sie hätten das abgelehnt. Daraufhin hätten die Männer damit gedroht, ihre Tochter oder ihre Söhne zu entführen oder sie zu töten, wenn er – der Vater – nicht zustimmen würde. Als sie wieder abgelehnt hätten, wären die Männer eines Nachts gekommen und hätten ihn am Penis und am linken Auge verletzt. Er könne beides bis heute nicht mehr gebrauchen. So hätten sie ihre zwei Häuser verkauft, hätten einen Schleuser in Kabul gefunden und wären mit der ganzen Familie geflohen.

Der Rest und größte Teil des Berichts schildert die Flucht, die Fluchtwege, die Trennung der Familie, den Verlust des einen Sohnes, die zeitlich versetzte Ankunft in Sarstedt und den dringenden Appell, den verlorenen Sohn zurückzugeben.

Ob das ausreicht, um einer neunköpfigen Familie Asyl zu gewähren und dann das zehnte Familienmitglied nachzuholen? Zumal es bei der Beurteilung des Asylanspruchs wahrscheinlich mehr auf die Fluchtgründe und Fluchtursachen als auf die Flucht selbst ankommt.

Am nächsten Tag will der älteste Sohn auf eigene Faust zurück nach Kabul, um seinen Bruder zu holen. Wir müssen ihm das regelrecht verbieten, um ihn davon abzuhalten.

Wieder einen Tag später heißt es, der 17jährige sei jetzt erneut auf der Flucht – über Pakistan!

Die Mutter ist verzweifelt und in Tränen aufgelöst.

Dumm gelaufen

Ende Februar möchte ein weiterer Afghane freiwillig zurückkehren. Er ist 37 Jahre alt, allein, hat keine Familie. Er ist aus Kabul gekommen und wurde Anfang Dezember in der Notunterkunft Sarstedt registriert. Er hat keine Papiere und kein Geld. Also die übliche Ausgangssituation und der übliche Weg: Erst Passbeschaffung, dann IOM-Antrag.

Ich melde ihn in Braunschweig für eine Fahrt nach Berlin an und bekomme schon einen Termin für den 3. März. Wir bereiten wieder alles sorgfältig vor: Die „Passport Application Form" für die Botschaft und unseren inzwischen bewährten „Ausweis" mit genauen Abfahrtzeiten, Wegbeschreibungen, Kontaktadressen, Telefonnummern und natürlich wieder in großen Lettern die Bitte an Passanten, ihm zu helfen. Diesmal klebe ich sogar das Foto von seiner BÜMA auf den Ausweis; denn er sieht etwas mongolisch aus und wirkt damit vielleicht noch fremder als die inzwischen bekannten Gesichter der Syrer, Iraker, Afghanen usw. Ein Farsi-Dolmetscher hilft bei dem Ausfüllen der Formulare und bei den Informationen zur Reise nach Berlin. Wir holen die „schlauen Brüder" dazu, die es ja auch inzwischen geschafft haben. Sie erklären die Einzelheiten in ihrer Landessprache. So reden wir alle auf ihn ein. Er antwortet kaum und sieht uns ziemlich ratlos an. Wir haben das

Gefühl, dass er gar nicht begreift, worum es überhaupt geht.

Die Fahrt zur Botschaft nach Berlin ist am 3. März vorgesehen. Er soll wieder wie üblich am Nachmittag vorher, also am 2. März in Braunschweig anreisen und dort im Camp übernachten, damit sie am nächsten Morgen pünktlich abfahren können. Zwei Tage vorher wiederholen wir die Prozedur und erklären ihm genauestens unseren Begleitausweis. Er sieht uns wieder ungläubig an und redet kaum. Ich frage herum, ob ihn nicht jemand begleiten könne. Aber sie winken alle ab. Keiner ist dazu bereit.

Also versuchen wir es am nächsten Tag erneut. Zusätzlich bereiten wir den IOM-Antrag vor. Außerdem habe ich veranlasst, dass er Taschengeld ausbezahlt bekommt. Mehr können wir nicht tun.

Am 2. März, als er sich nach Plan am Nachmittag mit dem Zug auf den Weg nach Braunschweig machen soll, ist er mittags verschwunden. Ich warne unseren Braunschweiger Kooperationspartner vor, dass es möglicherweise morgen mit ihm nicht klappen wird.

Zwei Stunden später, um 14:00 Uhr meldet sich unser Partner: Er hätte gerade einen Anruf von einem Passanten erhalten – ich hatte ja seine Telefonnummer auf dem „Ausweis" vermerkt.

„Hier irrt ein Flüchtling herum!"

„Von wo melden Sie sich denn?"

„Von Berlin Spandau."

Unser Kooperationspartner hat ihn zur Polizei geschickt.

Später überlege ich, dass es eigentlich genial gewesen wäre, ihn in Berlin zu lassen, morgen aufzugreifen, mit ihm zur Botschaft zu fahren und ihn wieder mit herzubringen.

Als wir den Afghanen das nächste Mal treffen und ebenfalls ein Farsi-Dolmetscher dabei ist, fragen wir bei ihm nach. Er weiß nicht, wie er nach Berlin gekommen ist. Er weiß nicht, wie er bei der Polizei gelandet ist. Er weiß nicht, wie er zurückgekommen ist. Er weiß gar nichts.

Und wir wissen auch nicht mehr weiter …

Familienzusammenführung

Mitte Februar werden Yeziden in die Notunterkunft gebracht. Sie kommen aus Sindschar im Irak.
Wenn man die Fernsehberichte über die Yeziden
in Sindschar und im Sindschar-Gebirge, die vom IS
eingekesselt, verfolgt, versklavt und systematisch
ermordet wurden, noch im Kopf hat und nun Monate später diese Menschen als Flüchtlinge ken-
nenlernt, dann ist das ein ganz besonderes Erlebnis. Diese Bilder, die weit weg schienen, sind
plötzlich wieder so nahe. Man spürt irgendwie ein
peinliches Gefühl, eine Art schlechtes Gewissen,
vielleicht sogar ein wenig Mitschuld und einen
besonderen Antrieb, ihnen zu helfen.

Unter ihnen ist eine Mutter, 29 Jahre alt, mit
drei Kindern – zwei Töchtern, 15 und 7 Jahre alt
und einem kleinen fast 3jährigen Sohn. Sie sind vor
einer Woche angekommen. Drei weitere Kinder –
zwei 13 und 12 Jahre alte Söhne und eine 10jährige
Tochter – fehlen. Sie sind schon zwei Monate länger in Deutschland und sollen in Meißen untergebracht sein. Der Vater wartet in der Türkei.

In der Registratur ist das Problem bereits bekannt und man hat die Telefonnummer eines
Herrn in Meißen, mit dem man sich in Verbindung
setzen kann. Die Mutter hat über Handy Kontakt
zu ihrem ältesten Sohn. Wir werden uns bemühen,
die Familie zusammenzuführen.

Ich rufe den Herrn an und werde an eine Mitarbeiterin vom Kreisjugendamt in Meißen verwiesen. Es meldet sich eine sehr freundliche Dame mit etwas sächsischem Dialekt, die sich offensichtlich sehr freut, dass sich jemand um diese Familienzusammenführung kümmert. Sie erzählt, dass die „Geschwistergruppe" in der Obhut des Kreisjugendamts sei und derzeit in einem Haus des Deutschen Ordens lebe. Es ginge ihnen gut und sie würden sich dort wohlfühlen. Sie schlägt vor zu überlegen, ob man die Familie eventuell in Meißen statt in Sarstedt zusammenführen sollte.

Am nächsten Tag berichte ich der Mutter von unserem Gespräch und von diesem Vorschlag. Aber sie überlegt nicht lange. Sie möchte lieber die Kinder hier bei sich haben.

Am darauffolgenden Tag – Freitag vor dem Wochenende – teile ich den Wunsch mit. Die Mitarbeiterin in Meißen ist sofort einverstanden. Sie meint, dass auch die ihnen anvertrauten Kinder von vornherein den Wunsch geäußert hätten, zur Mutter zu wollen, sobald sie nach Deutschland käme. Sie überrascht von Anfang an durch ihre spontane Hilfsbereitschaft. Das ist ungewöhnlich. Sie wünscht eine rasche Familienzusammenführung. Sie braucht nur noch für ihr Amt einen Nachweis, dass die Familie zusammengehört.

Zum Glück kann die Mutter damit dienen. Sie besitzt eine „Familienkarte", die alle Familienmitglieder ausweist und zwei Pässe der älteren Jungen. Das Mädchen hat, wie im Irak üblich, bei ihrem Alter noch keinen eigenen Pass, ist aber in der Familienkarte enthalten.

Wir scannen die Dokumente in der Registratur und schicken sie nach Meißen. Von zu Hause aus schreibe ich eine erklärende und ergänzende Mail:

„Ich hoffe, dass alles gut bei Ihnen angekommen ist und als Nachweis für die Mutterschaft ausreicht. Wie wollen wir nun die Familienzusammenführung bewerkstelligen? Die Mutter und die drei Geschwister … freuen sich schon sehr auf das Wiedersehen!"

Gleich am Montag kommt die Bestätigung, dass der Nachweis genügt. Wir planen schon für kommenden Mittwoch die Zusammenführung. Wir verabreden das Treffen und die Übergabe „auf halber Strecke" zwischen Sarstedt und Meißen. – um 13:00 Uhr bei McDonald's in Aschersleben.

Am Dienstag breite ich auf dem Hallenboden vor ihrer Parzelle eine große Deutschland-Karte aus und zeige ihnen genau, wo wir uns befinden, wo ihre Kinder sind und wo wir uns morgen zur Übergabe treffen. Sie könnten etwa um 15:00 Uhr mit unserer Rückkehr und Ankunft in der Notunterkunft rechnen.

Wir müssen noch ein Fahrzeug für morgen organisieren. Wir bieten unser Privatfahrzeug an. Doch damit ist die Einsatzleitung nicht einverstanden – wegen Haftung und Versicherung. Wir müssen ein Johanniter-Fahrzeug nehmen. Aber im

Camp werden morgen alle gebraucht. Also wird extra für uns ein Fahrzeug aus dem Fuhrpark in Hildesheim bereitgestellt.

Am Mittwochmorgen holen wir das Fahrzeug ab und erledigen die Formalitäten. Eigentlich müssten wir auch noch eine ausführliche Einweisung erhalten, aber dafür ist keine Zeit. Wir holen Kindersitze aus Sarstedt und fahren nach Aschersleben. Erkennungszeichen soll ein kleines weißes Auto mit „MEI …" sein. Wir sind recht früh am verabredeten Ort, können das Auto aber nicht entdecken. Also trinken wir in Ruhe einen Kaffee. Das Restaurant ist ziemlich leer. Die Zeit vergeht und wir werden allmählich unruhig. Als ich gerade die Handynummer wähle, tippt mir jemand von hinten auf die Schulter. Es ist die „freundliche und tüchtige Dame" aus Meißen. Sie ist mit einem Kollegen und den drei Kindern ebenfalls schon länger da. Sie haben gefrühstückt und wir haben sie nicht gesehen.

Wir tauschen uns aus, unterschreiben ein „Übergabeprotokoll" und bekommen einige Formulare, die wir in Sarstedt ausfüllen und zurückschicken sollen. Trotz dieser Formalitäten empfinden wir alles viel persönlicher, weniger förmlich. Sie wollen rasch zurück und wir packen die Sachen der Kinder um. Das Gepäck füllt unser Fahrzeug vollends aus, das Mädchen muss sogar auf Gepäckstücken sitzen. Das wäre jedoch noch nicht alles, zwei große Pakete kämen noch per Post.

Auf der Rückfahrt sind die Kinder zunächst ziemlich scheu, vielleicht auch misstrauisch, tauen dann aber auf. Wir üben Deutsch: Zahlen, Wochentage, Monatsnamen, Redewendungen usw. Sie können schon eine ganze Menge. Ab und zu schauen wir uns gemeinsam auf dem Navi an, wie weit es noch ist und wann wir ankommen werden. Schließlich machen wir sie auf die Straßen- und Hinweisschilder nach Sarstedt aufmerksam.

In der Notunterkunft werden wir schon erwartet. Es ist ein schöner Moment, als wir ins Camp zurückkommen. Die Familie fällt sich in die Arme. Viele stehen auf der Empore und applaudieren, einige weinen vor Freude. Vor allem ein korpulenter Security-Teamleiter ist immer zu Tränen gerührt, wenn wir etwas Besonderes für Flüchtlinge erreicht haben. Es ist ergreifend. Wir organisieren die Erstaufnahme, die Ausstellung des Hausausweises, das Erstausstattungspaket und sogar die Registrierung wird noch durchgeführt. Anschließend machen wir das „offizielle Ankunft-Foto".

Dies schicke ich am nächsten Tag mit unserem „Erfahrungsbericht" und Dank per Mail nach Meißen. Sofort kommt die automatische Antwort, dass sie aktuell nicht auf diese Mail antworten könne und erst am kommenden Montag wieder im Hause sei. Das Dokument an das Landratsamt Meißen geht im Original per Post ab. Und zwei Tage später sind auch die angekündigten beiden großen Pakete mit den restlichen Sachen der Kinder da und werden von ihnen mit großer Erleichterung entgegengenommen. Am Montag kommt, wie angekündigt, auch von der Meißener Seite ein überschwänglicher Dank für die gelungene Familienzusammenführung.

Eine ganz neue wunderbare Erfahrung: Beschleunigt, reibungslos, zuverlässig, unbürokratisch, harmonisch, einfach beglückend! Außerdem hat man bei der Hilfe für diese Menschen ein gutes Gefühl. Die Yeziden als christliche Minderheit aus dem Irak haben praktisch eine 100prozentige Schutzquote und Bleibeperspektive, werden also sicherlich hier eine neue Heimat finden können.

Ein anderer Fall, ähnlich gelagert – Yeziden, Mutter und Vater mit fünf Kindern bereits in Sarstedt, Großeltern und weitere vier Kinder in Duisburg – versinkt dagegen im „Behördendschungel". Die größten Hindernisse sind Zuständigkeit, Formfehler und Erreichbarkeit. In manchen Behörden wird sogar „von Oben" angeordnet, den Hörer nicht mehr abzunehmen oder danebenzulegen. Wir kümmern uns ebenso intensiv um diese Familienzusammenführung. Aber während wir hier noch nicht einmal über die ersten Schritte hinausgekommen sind, ist die andere schon in einer Woche komplett abgeschlossen. Und sie erleben die unterschiedliche Behandlung natürlich hautnah mit und verstehen es nicht …

Epilog

Mitte Januar gebe ich auf. Wir haben jetzt dreieinhalb Monate nahezu täglich als Ehrenamtliche der Notunterkunft Sarstedt gedient. In dieser Zeit habe ich mich ganz auf die freiwillige Rückkehr konzentriert und spezialisiert. Nach dem Chaos zu Beginn konnte ich im Lauf der Zeit Erfahrung sammeln und ein kleines Netzwerk mit hilfreichen Ansprechpartnern aufbauen, die ich gegebenenfalls in Anspruch nehmen konnte.

Aber die Arbeit ist zu mühsam, die Behinderungen und Belastungen sind zu groß. Es geht nicht mehr. Eine offenbar schier unlösbare Bürokratie, Hindernisse und Hemmnisse, dazu Unregelmäßigkeiten im Camp und menschliche Enttäuschungen haben mich zu diesem Entschluss geführt. Ich beende meine ehrenamtliche Tätigkeit, wir stellen unsere praktische Arbeit vor Ort ein und fahren nicht mehr in die Notunterkunft. Die laufenden und noch nicht abgeschlossenen „Fälle" regele ich telefonisch, neue nehme ich nicht mehr an.

Den Kooperationspartnern teile ich meinen Rücktritt per Mail mit und bedanke mich bei ihnen persönlich für ihre Kooperation und Hilfsbereitschaft. Sie seien stets ein Lichtblick bei unserer Arbeit gewesen.

Aber die Johanniter wollen uns nicht gehen lassen. So kommt es nach einigen Besprechungen zu einer Umwidmung meiner Tätigkeit und zu einem anderen Titel. Mit Wirkung vom 1. Februar werde ich offiziell „Integrationsberater" für die Einrichtungsleitung der Notunterkunft Sarstedt mit dem Arbeitsgebiet: Entwicklung von Konzepten zur Verbesserung der Organisation und Integration ankommender Flüchtlinge und Asylbewerber sowie entsprechende Umsetzung in Johanniter-Flüchtlingseinrichtungen unter besonderer Berücksichtigung freiwilliger Rückkehr. Auf meinen Wunsch ist das Honorar gering, eher symbolisch. Wichtiger ist, dass die Johanniter mit der Konzentration auf die „Freiwillige Rückkehr" ein „Markenzeichen" für die Notunterkunft Sarstedt behaupten können. Die neue Funktion kann bei der Zusammenarbeit mit den Behörden helfen und erlaubt es, mit den Kooperationspartnern auf kollegialer Basis und „auf Augenhöhe" umzugehen. Ich teile ihnen die Veränderung per Mail und neuer Signatur mit.

Aus all unseren bisherigen Erfahrungen entwickeln wir das Modell „Sarstedt" – Integrations-Konzept mit Berücksichtigung Freiwilliger Rückkehr. Es verbindet Bewährtes mit Veränderungen und Verbesserungen sowie mit Reformideen:

Es beginnt bei der Ankunft der Flüchtlinge in der Ersteinrichtung: Mit der Begrüßung in verschiedenen Sprachen, mit den ersten Formalitäten, dem medizinischen Check und mit der Information über das Asylverfahren in Deutschland (Flyer in jeweiliger Sprache und Schrift). Hinzu kommen „Handout": Hausordnung/Ablauf im Camp, Erstellung „Id-Card" (Hausausweis), Unterbringung, Erstausstattungspaket, Versorgung, Hinweis auf die App „Ankommen" – ein Handy besitzen praktisch alle! – sowie auf möglichen Zeitvertreib für Männer, Frauen und Kinder incl. Aneignung erster Deutschkenntnisse.

Es folgt die Phase des ersten Aufenthalts: Medizinische Untersuchung, Check, Röntgen als Voraussetzung für die Registrierung sowie medizinische Versorgung bei Krankheit. Zugleich sollen auch psychische Probleme berücksichtigt werden: Z.B. Wartezeit, Perspektivlosigkeit, Langeweile, „Lagerkoller" und angedrohte, vorgetäuschte, echte Suizidversuche sowie – wichtig in diesem Zusammenhang! – die „Sterbekultur" im Islam: Es kommen vorwiegend (junge) Männer; wenn die Mutter oder gar der Vater im Heimatland sterben, „müssen" die Kinder, vor allem der älteste Sohn präsent sein, da er neues Familienoberhaupt wird.

Bis hierhin, vor der Registrierung, ist noch eine erste frühzeitige Entscheidung über eine freiwillige Rückkehr möglich und – bei vorhandenen Dokumenten und Geld – relativ reibungslos durchführbar.

Beim Aufruf zur Registrierung sind Maßnahmen zur tatsächlichen Wahrnehmung der Termine zu treffen. Außerdem ist zu überlegen, wie mit Flüchtlingen umzugehen ist, die sich der Registrierung entziehen (wollen). Gibt es einen Grund, eine Ursache für ihre Renitenz oder Angst? Ist hier möglicherweise auch ein Ansatzpunkt für freiwillige Rückkehr zu sehen?

Bei der Registrierung durch die Außenstelle der Landesaufnahmebehörde (LAB) Friedland, also einer Behörde des Landes Niedersachsen, wird die „Bescheinigung über die Meldung als Asylsuchender (BÜMA)" ausgestellt. Dabei wird der Flüchtling über das weitere Asylverfahren durch das Bundesamt für Migration und Flüchtlinge (BAMF), also einer Behörde der Bundesrepublik Deutschland, belehrt. Bei dieser Registrierung sollte man sich jedoch nicht auf die reinen Formalien beschränken, sondern der Flüchtling sollte zugleich eine ausführliche Information über seine Schutzquote, also seine Bleibeperspektive nach seinem jeweiligen Herkunftsland und damit über die Chance eines erfolgreichen Asylverfahrens, auch über die realistische Dauer dieses Verfahrens erhalten. Er sollte durch Beratung und Aufzeigen der Möglichkeiten in die Lage versetzt werden, sich für die Durchführung des Asylverfahrens oder eine freiwillige Rückkehr zu entscheiden. Dahinter steht die Überlegung, dass eine frühe freiwillige Rückkehr für den Flüchtling viel besser und sinnvoller sein kann als eine späte Ablehnung oder gar Abschiebung. Dafür stünde zu diesem

Zeitpunkt auch noch ein etwa vorhandener Pass zur Verfügung; denn er wird erst mit den Registrierungsunterlagen weitergeleitet und verschwindet dann möglicherweise in irgendeinem Archiv.

Nach der Registrierung erfolgt in der Regel ein längerer Aufenthalt in der Einrichtung. Der Flüchtling erhält Taschengeld und – zusätzlich zur Verteilung aus der Kleiderkammer – Bekleidungsgutscheine. In dieser Zeit sollte bereits der Deutschunterricht beginnen, vor allem für Kinder. Ein „kleiner" Integrationskurs sollte erste „Orientierungshilfe für das Leben in Deutschland" geben, anstatt beides zurzeit offiziell erst nach Abschluss des Asylverfahrens zu ermöglichen. Außerdem sollte hier schon eine Stärkung der Frauenrechte erfolgen, z.B. durch eine Frauenbeauftragte mit Sprechstunde, sowie „praktisch gelebte Integration", z.B. Auszahlung des Taschengelds für beide Ehepartner, Kinderbetreuung durch die Väter usw. Im Camp muss WLAN vorhanden sein. Beschäftigung/Zeitvertreib jeder Art für Männer, Frauen und Kinder sollte angeboten werden und sorgt für Ruhe. Zusätzlich könnten Arbeitsmöglichkeiten beschafft werden: Praktikum und 1-Euro-Job sind jetzt schon möglich. Wichtig wäre für die Einrichtung ein internes Kontrollsystem über die Anwesenheit, auch wegen der Residenzpflicht. Im Hinblick auf eine freiwillige Rückkehr wäre zu überlegen, ob nicht das Taschengeld eventuell für eine freiwillige Heimreise ausreichen würde; Flugti-

ckets, vor allem Last-Minute-Tickets sind oft überraschend preiswert.

Der entscheidende Schritt ist die Durchführung
des eigentlichen Asylverfahrens durch das Bundesamt für Migration und Flüchtlinge (BAMF).
Das Verfahren beginnt mit einer ersten persönlichen mündlichen Anhörung. Diese bildet die
Grundlage für Anerkennung oder Ablehnung des
Asylantrags. Der Flüchtling erhält einen „Aufenthaltsgestattungs-Ausweis" und ein Merkblatt mit
seinem persönlichen Aktenzeichen. Danach erfolgt
die eigentliche Durchführung des Asylverfahrens,
d.h. die Bearbeitung der Erstanträge und Folgean-
träge bis zur endgültigen Entscheidung.

Hier böte sich eine äußerst sinnvolle und wich-
tige organisatorische Änderung an: Für die Fort-
setzung des Asylverfahrens sollte unbedingt, wie
bei der Landesaufnahmebehörde (LAB), ebenfalls
eine Außenstelle des Bundesamtes für Migration
und Flüchtlinge (BAMF) *in der* Notunterkunft eingerichtet werden, damit zügig im Anschluss an die
Registrierung die erste Anhörung und die persönliche Einzelfall-Untersuchung vor Ort stattfinden
kann. Im Idealfall sollte der Flüchtling sogar bis
zur endgültigen Entscheidung in der Unterkunft
bleiben. Erst bei positivem Ausgang des Verfahrens sollte er auf eine Kommune verteilt und damit
in die Zuständigkeit der jeweiligen kommunalen
Ausländerbehörde übergeben werden. Bei negati-

vem Ausgang könnte er sich auch dann noch für eine freiwillige Rückkehr entscheiden.

In Bezug auf freiwillige Rückkehr wäre eine intensive Beratung während des Erstinterviews beim BAMF sinnvoll, wenn eine Perspektive und grobe Einschätzung über den voraussichtlichen Ausgang des Asylverfahrens abzusehen ist. Grundsätzlich ist die freiwillige Rückkehr während des gesamten Asylverfahrens möglich. Aber wenn eine Verteilung auf eine Kommune erfolgt ist, befindet sich der Flüchtling nicht mehr im Einflussbereich der Einrichtung und der LAB, sondern der Ausländerbehörde der jeweiligen Kommune. Die Verteilung auf die Kommunen selbst ist wenig beeinflussbar. Wünsche werden kaum oder gar nicht berücksichtigt. Eine Zentrale in Braunschweig verteilt nach örtlicher Verfügbarkeit und Gutdünken. In der Kommune besteht dann „Residenzpflicht". Die Einrichtung muss also dafür sorgen, dass verteilte Flüchtlinge das Camp auch wirklich verlassen und verhindern, dass sie enttäuscht und heimlich zurückkommen.

Bei negativem Ausgang des Asylverfahrens, also bei Ablehnung, wird der Asylbewerber ohnehin vor die alternative Entscheidung gestellt, Deutschland wieder freiwillig zu verlassen oder abgeschoben zu werden.

Eine gute Zusammenarbeit und Kooperation aller beteiligten Behörden und Entscheidungsträger: LAB, BAMF, Stadtverwaltung, Security, Polizei und Unterkunfts-Verwaltung direkt vor Ort würden somit ein wesentlich schnelleres und wirksameres Asylverfahren gewährleisten. Bei Bedarf besteht die Möglichkeit der Supervision für Gruppen und Teams. Dies könnte Anne als ausgebildete Supervisorin ehrenamtlich übernehmen.

Bei allen Varianten der freiwilligen Rückkehr wäre ein finanzieller Anreiz bei den Überlegungen sehr hilfreich und würde wahrscheinlich die Entscheidung positiv beeinflussen. Auf jeden Fall wäre der finanzielle Aufwand dafür immer noch wesentlich geringer als ein langes Asylverfahren mit den damit verbundenen Kosten.

Je nach Herkunftsland haben die ankommenden Flüchtlinge von vornherein unterschiedliche Aussichten auf ein erfolgreiches Asylverfahren und damit auf ihr Bleiberecht und ihre Bleibeperspektive. Diese liegt nach dem aktuellen Stand – Januar 2016 – zum Beispiel für Flüchtlinge aus Syrien bei 96 %, aus Irak allgemein 89 %, bei den irakischen Minderheiten Christen, Mandäer und Yeziden 95 %, für Flüchtlinge aus dem Iran bei 60 % mit sinkender Tendenz, aus Afghanistan 48 %, aus Pakistan 10 %, bei „Wirtschaftsflüchtlingen" aus Albanien, Kosovo, Mazedonien, Serbien und anderen Herkunftsländern bei nahezu 0 %. Im Gesamt-Durchschnitt liegt die Schutzquote unter 50 %.

Hinzu kommt die Bearbeitungsdauer des Asylverfahrens. Syrer, die irakischen Minderheiten und Eritreer können mithilfe der Beantwortung eines simplen Fragebogens ein verkürztes Asylverfahren ohne persönliches Interview und ohne Prüfung ihres Einzelfalles in Anspruch nehmen. Aber selbst diese Bearbeitungsdauer beträgt zurzeit etwa 4 Monate. Die anderen Flüchtlinge müssen durchschnittlich mit einer Bearbeitungsdauer von 14 Monaten rechnen und zwar gerechnet ab dem Zeitpunkt des Erstinterviews beim BAMF. Wenn man die Wartezeit bis zu diesem ersten Interviewtermin hinzurechnet, dann dauert es etwa 2 Jahre, bis der Flüchtling überhaupt wissen kann, ob er bleiben darf oder nicht. Der „Stau" der unbearbeiteten Asylanträge beim BAMF beträgt zurzeit über 370 000 Anträge – mit wachsender Tendenz. Aktuell kommen jeden Monat etwa 50 000 Anträge hinzu, 45 000 werden bearbeitet.

Es wird schon seit einiger Zeit darüber diskutiert und wir hatten es auf der Fachtagung im Oktober auch gehört, dass die psychische Belastung durch diese Verfahrensweise und die damit verbundene Perspektivlosigkeit größer sein kann als eine vorhandene posttraumatische Belastungsstörung.

Bei der freiwilligen Rückkehr geht es vor allem um zwei Probleme: Um die erforderlichen Dokumente und die Finanzierung der Rückreise. Am einfachsten ist es, wenn ein Flüchtling noch seinen Pass hat und genügend Geld besitzt bzw. besorgen kann, um ohne große Mühe und aus eigener Kraft die Heimreise anzutreten. Entschließt er sich dafür vor seiner Registrierung, benötigt er nicht einmal eine offizielle Grenzübertrittsbescheinigung (GÜB). So selten kommt dieser Fall nach unserer Erfahrung gar nicht vor. Viele Flüchtlinge sind mit großen Erwartungen nach Deutschland gekommen und erwarten hier das Paradies auf Erden. Schlepper haben ihnen zum Teil absurde Vorstellungen mit auf den Weg gegeben – im Extrem, wie wir gehört haben, Haus, Auto, dazu noch viel Geld und das alles garantiert von Angela Merkel. Wenn sie dann hier mit der Realität konfrontiert werden, sind sie bitter enttäuscht und wollen wieder zurück in ihr Heimatland.

Wenn die Flüchtlinge erst einmal registriert und damit in den regelrechten Ablauf des Asylverfahrens eingebunden sind, wird die freiwillige Rückkehr schwieriger und komplizierter. Dann ergeben sich für jedes Herkunftsland, je nach Konstellation mit/ohne Dokumente sowie mit/ohne verfügbares Geld, unterschiedliche Kombinationsmöglichkeiten und daraus resultierende erforderliche Maßnahmen. Ich habe eine entsprechende Tabelle „Möglichkeiten der Freiwilligen Rückkehr" mit den unterschiedlichen Varianten und Möglichkeiten entwickelt und stelle sie allen Interessierten zur Verfügung. Zugleich formuliere ich mögliche Verbesserungen und Erleichterungen bei Formularen, bei Zuständigkeiten und der Handhabung in den Behörden.

Wir haben seit Beginn unserer ehrenamtlichen Tätigkeit Anfang Oktober 2015 bis jetzt die freiwillige Rückkehr von 46 Flüchtlingen organisiert. Das klingt zunächst nicht sehr bedeutend, wirkt jedoch für viele überraschend, weil sie sich mit dieser Möglichkeit überhaupt noch nicht beschäftigt haben und sich erst recht nicht in den komplizierten Verfahrensweisen auskennen.

Das Modell „Sarstedt" bietet also den Johannitern als Träger dieser Notunterkunft und anderer Einrichtungen die Chance, sich damit einzigartig und mustergültig zu profilieren.

Fortan nehme ich an den ständigen Gruppenleitersitzungen teil, bei denen auch Security und Polizei anwesend sind. Wir stellen unser Modell-Konzept vor. Es wird wohlwollend zur Kenntnis genommen. In den folgenden Sitzungen erfahre ich die allgemeinen und täglichen Probleme innerhalb der Einrichtung: Zum Beispiel der Müll und Abfall, der trotz überall bereitgestellter Mülltonnen einfach in den Parzellen auf den Boden geworfen wird; die Verweigerung des angebotenen Essens und dafür der Gebrauch eigener Kochgeräte in den Parzellen; Rauchen in den Unterkünften; massive Alkohol- und Drogenprobleme; die Angewohnheit einiger Flüchtlinge, sofort nach Auszahlung des Taschengelds nach Hannover zu fahren, es dort zu „verjubeln" und nachts über den Zaun ohne Kontrolle an der Security vorbei zurückzukehren; Überlegungen zur zusätzlichen

Sicherung des Zauns durch Hunde oder Kameras – mit dem Einwand der Johanniter: „Wir sind doch eine christliche Organisation!"; der zunehmende „Lagerkoller" und die ständigen Rangeleien; die männliche Vorherrschaft, z.B. an der Handy-Aufladestation; Handgreiflichkeiten und körperliche Gewalt gegenüber Frauen und Kindern; der Mutmaßung, dass zurzeit 4 Millionen Flüchtlinge in der Türkei nur auf gutes Wetter warteten und alle nach Deutschland wollten.

Bei einer Zusammenkunft der Leiter von 10 Johanniter-Einrichtungen aus der Umgebung stellen wir ebenfalls unser Konzept vor. Das Thema der freiwilligen Rückkehr ist ihnen zwar nicht ganz unbekannt, aber sie haben sich noch nicht damit beschäftigt und keine Erfahrung. Wir bieten unsere Mithilfe an und manche Leiter wollen unsere Anregungen zügig in ihrer Einrichtung umsetzen. Kurze Zeit später kommt schon die erste Anfrage. Ein abgelehnter Asylbewerber soll innerhalb einer Woche die BRD verlassen. Es drohe die Abschiebung, er habe aber auch die Möglichkeit der freiwilligen Rückkehr.

In diesem Zusammenhang lerne ich jetzt ebenfalls die vielfältigen Möglichkeiten des Widerspruchs und Widerstands gegen die Ablehnung kennen, von der Gegenklage über Verwaltungsgerichtsverfahren mit erneutem Widerspruch bis zum Kirchenasyl. Die formale Gesetzgebung scheint vornehmlich auf eine positive Bleibe-rechtsperspektive ausgerichtet zu sein.

In der täglichen Praxis versuchen wir, das Modell-Konzept Schritt für Schritt umzusetzen. Wir überarbeiten das „Handout", Informationen für Neuankömmlinge sowie andere interne Papiere. Wir überprüfen die bisher praktizierten Organisationsabläufe. Ich stelle jedem Mitarbeiter der Registratur eine Statistik der aktuellen Schutzquote und Bleibeperspektive sowie der aktuellen Dauer des Verfahrens zur Verfügung und bitte sie, die Flüchtlinge schon zu diesem frühen Zeitpunkt darauf hinzuweisen und zu beraten, eventuell zu freiwilliger Rückkehr zu motivieren. Unser Problem in Sarstedt besteht darin, dass wir in der Mehrzahl Flüchtlinge aus Afghanistan beherbergen und auch ständig neue aus diesem Herkunftsland dazukommen. Aber gerade diese Flüchtlinge haben aktuell eine Schutzquote von unter 50% und eine Bearbeitungsdauer von fast zwei Jahren. Das bedeutet konkret, dass von denjenigen, die hier ihren Erstantrag stellen, jeder zweite nach etwa zwei Jahren einen ablehnenden Asylbescheid erhalten wird mit allen entsprechenden Konsequenzen. Wir bitten die Mitarbeiter in der Registratur, den Afghanen jetzt schon dieses Problem deutlich zu machen. Wir versuchen, die Afghanen und noch schlimmer Betroffene in der Einrichtung zu orten, um mit ihnen über freiwillige Rückkehr zu sprechen.

Ich spreche mit dem BAMF in Friedland, weil es mit den Asylverfahren in Sarstedt überhaupt nicht weitergeht. Die Flüchtlinge im Camp warten immer noch auf Einladung bzw. Aufforderung zum Erstinterview. Im BAMF reagiert man – wie immer – genervt. Man sei total überlastet:
„Wir haben 14 000 offene Verfahren und es werden immer mehr".
Eine befriedigende Antwort oder gar eine Zusage bekomme ich nicht. Ich bitte inständig darum, „unsere Flüchtlinge in Sarstedt nicht zu vergessen".
Wir erhalten Besuch von einem Kooperationspartner aus Bramsche, der dort bereits 27 Jahre tätig ist, sich schon seit 16 Jahren mit freiwilliger Rückkehr beschäftigt und über einen großen Erfahrungsschatz verfügt. Er freut sich über die „neue kollegiale Unterstützung", spricht über seine Erfahrungen im Umgang mit politischen Entscheidungsträgern und nennt dabei u.a. auch den Namen der zuständigen Sachbearbeiterin für freiwillige Rückkehr im Innenministerium Hannover. Er gibt für uns wertvolle Hinweise: So sei die Neuorganisation freiwilliger Rückkehr in anderen Bundesländern schon weiter als in Niedersachsen. Die freiwillige Rückkehr sei „ein sehr politisches Thema" und werde entsprechend mit Argwohn beobachtet. Im Gegensatz zur Abschiebung gebe es für die freiwillige Rückkehr überhaupt keine gesetzlichen Grundlagen. Die dafür vorhandenen

Mittel seien deshalb immer vage. Dennoch ginge es mit dem Thema voran, als Alternative zur Abschiebungsproblematik. Zurzeit würde ein Vorschlag für den zuständigen Staatssekretär im Innenministerium erarbeitet. Die Schwierigkeiten und Hindernisse seien vielfältig. Gerade würden auch neue organisatorische und regionale Strukturen überlegt. Aktuell gebe es in Hildesheim nur eine „non-governmental organization (NGO)" auf diesem Gebiet. Wir hätten also gute Chancen.

Unsere Vision, unser Ziel ist, „Kompetenzzentrum für Freiwillige Rückkehr" zu werden. Jetzt müssen wir unser Konzept der Politik unterbreiten und sie davon überzeugen.

Die wichtigsten Veränderungen wären: Bündelung der Aktivitäten, d.h. neben der Registrierung durch LAB auch Erstinterview, am besten sogar das gesamte Asylverfahren durch BAMF in der Aufnahmeeinrichtung; schnellere Beschaffung der erforderlichen Ausreisedokumente mit Hilfe von Kooperationspartnern; direkte Antragstellung der Finanzierung durch Legitimation oder Amtshilfe. Optimal wäre ein komplettes „Paket zur Freiwilligen Rückkehr", bestehend aus Reisedokument, Ticket, Reisekostenzuschuss, Starthilfe und Grenzübertrittsbescheinigung (GÜB). Zu überlegen wäre auch ein finanzieller Anreiz zur freiwilligen Rückkehr in sichere Herkunftsländer – also frühe freiwillige Rückkehr statt späte Abschiebung!

Die Vorteile des Kompetenzzentrums liegen auf der Hand: Gebündeltes Know-how zur Freiwilligen Rückkehr; beteiligte Kompetenzen und jeweilige Informationssysteme an einem Ort; direkter Zugriff auf ein Netzwerk von Kooperationspartnern; ständiger Kontakt zu den Flüchtlingen vor Ort; Verfügbarkeit aller Sprachen/Dolmetscher; Möglichkeit der Information und Beratung zur freiwilligen Rückkehr jederzeit und in allen Phasen des Asylverfahrens; Transport- und Transfermöglichkeit durch die Aufnahmeeinrichtung; schnelle Informations- und Kommunikationskanäle; unmittelbare Handlungsmöglichkeiten; beschleunigtes Asylverfahren und zugleich bessere Möglichkeit, die Freiwillige Rückkehr als Alternative anzusprechen; wesentliche Beschleunigung und größere Effizienz des Verfahrens – also eine „Win-Win-Situation" für alle und das kostengünstigste Verfahren!

Wir wollen direkt mit Politikern des Landes Niedersachsen und des Bundes Kontakt aufnehmen, um Stimmung und Chancen für unser Projekt auszuloten.

Zuerst treffen wir uns mit dem Sarstedter Landtagsabgeordneten, der bei Führung und Personal der Johanniter gut bekannt ist. Er ist freudig überrascht über diese Initiative in seinem Wahlkreis und zeigt sich sehr interessiert. Er hat gute Kontakte zum Innenminister und zum Ministerpräsidenten. Er ist Mitglied des Haushaltsausschusses und kennt sich mit den aktuellen Zahlen aus. So weiß er genau, wie viel jeder Flüchtling das Land Niedersachsen kostet. Zurzeit werden dafür pro Monat über 800 Euro veranschlagt. Auf dieser Grundlage können wir ganz konkrete Überlegungen zu der Alternative Aufenthaltskosten versus Rückkehrprämie anstellen. Wahrscheinlich würden schon etwa drei Monatsbeiträge als attraktiver finanzieller Anreiz für freiwillige Rückkehr ausreichen. Damit würde das Land – gemessen an der aktuellen Aufenthaltsdauer – immer noch erhebliche Ersparnisse erzielen. Auch die anderen Punkte erscheinen ihm logisch und realisierbar. Er sagt zu, unser Konzept in den zuständigen Gremien, auch im Innenministerium vorzustellen und sich dafür einzusetzen.

Einige Tage später berichtet er von der totalen Überlastung der Verwaltungsgerichte mit den Verfahren gegen den negativen Asyl-Bescheid. Die Alternative „Freiwillige Rückkehr" würde also immer wichtiger. Das Problem bestehe vor allem in der Rücknahme durch das Heimatland. In der nächsten Fraktionssitzung wolle er das Rückkehrpaket und den finanziellen Anreiz durch eine Rückkehrprämie ansprechen.

Unser Termin bei der Hildesheimer Bundestagsabgeordneten verläuft ebenfalls kooperativ und konstruktiv. In Kürze findet die nächste Sitzungswoche des Bundestages in Berlin statt. Dann könnte auch dort in den Gremien über das Konzept der freiwilligen Rückkehr gesprochen werden.

Unseren Kooperationspartnern teile ich mit, dass wir vorankommen und allgemein mit unserem Konzept auf gute Resonanz stoßen. Aus Braunschweig höre ich, dass in Bad Fallingbostel ein neues Zentrum eingerichtet werden solle – mit dem Ausbau der freiwilligen Rückkehr als Spezialgebiet. Das Ziel, die freiwillige Ausreise zu fördern, habe es schon lange gegeben. Der Erlass des Ministeriums sei „uralt", wurde aber nicht praktiziert. Jetzt würden neue Konzepte und neue Strukturen erarbeitet. Die Realisierung und vor allem die Verfügbarkeit des erforderlichen Personals würden jedoch frühestens im Herbst möglich sein.

Aber die Flüchtlingszahlen gehen zurück. Es kommt jetzt häufiger vor, dass der Einsatzleiter beim Innenministerium um weitere Zuweisungen buhlen muss. Überall in den Notunterkünften herrscht neuerdings „Mangel an Flüchtlingen". Dabei geht es inzwischen auch um den Erhalt von Arbeitsplätzen in den Flüchtlingsunterkünften. Die Johanniter- Einrichtung Lüchow-Dannenberg z.B. schließt Ende März. In Sarstedt sind zurzeit – täglich schwankend – etwa 700 Flüchtlinge untergebracht. Es wird schon überlegt, in den frei werdenden Hallen 500 Schnellbauhäuser einzulagern und das Camp in ein Logistik-Zentrum umzufunktionieren.

Wir hören jetzt von allen Seiten, dass überall „strukturelle Änderungen" der Flüchtlingseinrichtungen geplant werden: Von der Verkleinerung und Spezialisierung sowie Konzentration auf einzelne Standorte, von der Änderung und Neuverteilung der zuständigen Hilfsorganisationen und dem Konkurrenzkampf der Hilfsorganisationen untereinander bis hin zum Aufbau von Riesen-Ankunftszentren mit einer Kapazität bis zu 8000 Plätzen, in denen alle Behörden unter einem Dach die Asylverfahren „wie am Fließband" vom Anfang bis zum Ende abwickeln sollen. Wir können also nicht ausschließen, dass die „Notunterkunft (NUK) Sarstedt" auch von diesen strukturellen Veränderungsplänen betroffen sein wird und wir um unsere Existenz und um unser spezielles „Kompetenzzentrum für Freiwillige Rückkehr" in Sarstedt bangen müssen.

Ich stehe jetzt ständig in Kontakt zu unseren Kooperationspartnern und erhalte von ihnen Informationen über die neuesten Planungen und Entwicklungen.

Der Landtagsabgeordnete teilt mit, dass das Innenministerium von unserem Projekt „positiv angetan" sei. In nächster Zeit solle ein Besprechungstermin mit uns stattfinden.

Unser Einsatzleiter hatte mich in letzter Zeit frei agieren lassen. Ich hatte ihn darauf angesprochen und er hatte beteuert, sich nicht übergangen zu fühlen. Doch die nun bevorstehende direkte Kontaktaufnahme mit dem Innenministerium möchte er selbst übernehmen. „Ich suche noch den zuständigen Dezernenten im Innenministerium für den Termin." Übrigens – das erfahre ich jetzt zum ersten Mal – säßen in Hannover an der Schaltstelle für die Struktur der Flüchtlings-Einrichtungen auch Johanniter.

Heute ist Freitag, der 19. Februar 2018. Das Wochenende steht bevor und ich hole mir in einem langen Telefongespräch noch einmal Rat von unserem erfahrenen Spezialisten für freiwillige Rückkehr in Bramsche – er berichtet im Einzelnen: Der 32 Seiten lange Referentenentwurf zur Begutachtung und Vorlage sei jetzt fertig. Er habe ihn zusammen mit der Spezialistin im Innenministerium erarbeitet. Das Problem seien Flüchtlinge aus dem Westbalkan, es gebe kein „Balkan-Programm." Zurzeit sei eine Stichtagsregelung im Gespräch. Wir sind uns einig in der direkten Rückkehrberatung vor Ort sowie in der eigenen Bearbeitung der IOM-Anträge in Amtshilfe. In Bezug auf eine BAMF-Beteiligung vor Ort hat er wenig Hoffnung. Hier sehe der Referentenentwurf mobile Teams vor. Insgesamt enthalte der Entwurf viele gute Ideen, aber ob sie politisch auch tatsächlich so umgesetzt würden, könne er nicht vorhersagen. Unsere Aufnahme-Kapazität von 1700 Flüchtlingen käme den Plänen entgegen, aber es bestünden eben noch keine konkreten Beschlüsse. Er meint jedoch, dass gerade in dieser augenblicklichen

Umbruchphase die Chance für ein solches speziali-
siertes Kompetenzzentrum besonders groß sei. Er
empfiehlt, uns jetzt rasch mit der zuständigen
Sachbearbeiterin für freiwillige Rückkehr im Innenministerium in Verbindung zu setzen. Sie sei
schon seit vielen Jahren *die* Spezialistin auf diesem
Gebiet und er habe immer gut mit ihr zusammen-
gearbeitet. Bisher kenne ich von ihm nur ihren
Namen, mehr hatte er noch nicht preisgegeben.
Nun erhalte ich ihre Kontaktdaten.

Ich berichte unserem Leiter von diesem Telefongespräch und wir verabreden, dass ich noch am
Wochenende die Unterlagen fertigstellen und ihm
zuschicken solle.

Ich überarbeite unsere Papiere und bringe sie
auf den neuesten Stand:

Unseren Tätigkeitsbericht seit 02.10.2015 (Stand
19.02.2016),

Statistik über den aktuellen Stand der Freiwilligen
Rückkehrer (Stand 19.02.2016),

Das Modell „Sarstedt": Integrations-Konzept mit
Berücksichtigung Freiwilliger Rückkehr in der
neuesten Fassung (22.02.2016),

Konzept für ein Kompetenzzentrum Freiwillige
Rückkehr,

Möglichkeiten der Freiwilligen Rückkehr (Stand
01.02.2016),

Statistik über Schutzquote und Bleibeperspektive
2014, September bis Dezember 2015 und Gesamt-
jahr 2015 sowie Januar 2016.

Am späten Sonntagabend bin ich fertig, schicke die Unterlagen als Dateien an unseren Einsatzleiter in Sarstedt und bitte ihn, sie am nächsten Morgen – wie verabredet – im Namen der Johanniter an das Innenministerium weiterzuleiten.

Montagabend ruft mich der Leiter an und erzählt mir, dass er mit der „Schaltstelle" der Johanniter für Flüchtlingseinrichtungen in Hannover gesprochen habe: „Kennst du das Modell ‚Sarstedt'?" Er ist zuversichtlich, dass wir Kompetenzzentrum werden können.

Dienstagmorgen lege ich noch einmal nach: „Das Papier ‚Kompetenzzentrum' habe ich in zwei Punkten überarbeitet. Wenn Sie es also noch nicht abgeschickt haben, wäre es besser, es auszutauschen. Beste Grüße – bis gleich ..." Ich frage nicht nach, ob und wann er die Mail an das Innenministerium geschickt hat.

Am nächsten Tag, am Mittwoch, dem 24. Februar, führen wir die Yeziden-Familie zusammen, treffen uns mit den Meißener Helfern „auf halbem Weg" in Aschersleben und bringen die drei Kinder nach Sarstedt. Wir sind rechtzeitig zurück, sodass ich am Nachmittag noch an der Teamleiterbesprechung teilnehmen kann. Es gibt viel Organisatorisches über die Notunterkunft zu besprechen – bis in die kleinsten Einzelheiten. Kein Wort über Neuzugänge.

Erst am nächsten Tag erfahre ich, dass gestern 88 Flüchtlinge aus Bad Fallingbostel nach Sarstedt gekommen sind (36 aus Afghanistan, 5 aus Pakistan, 5 aus Iran, 31 aus Syrien, 10 aus Irak, 1 aus Eritrea). Bereits bei der Aufnahme zeigte sich, dass alle eine BÜMA besitzen, also bereits registriert waren. Einige haben sogar schon einen Aufenthaltsgestattungsausweis, ausgestellt vom BAMF Braunschweig. Damit ist klar, dass zumindest diese Gruppe sich bereits mitten im Asylverfahren befindet. Einige bestätigen auch, dass sie bereits das zweite Interview absolviert hätten und deshalb – zumindest bei den Syrern, Irakern und Eritreern – schon in absehbarer Zeit mit einem abschließenden positiven Bescheid zu rechnen ist. Keiner ist irgendwie informiert, warum er überhaupt nach Sarstedt gekommen ist – ein heilloses Durcheinander! Auch für die Notunterkunft Sarstedt kommt diese Aktion vollkommen überraschend. Angeblich ist niemand darauf vorbereitet.

Heute wird genau erfasst: Es kommen weitere 79 Flüchtlinge aus Bad Fallingbostel (17 aus Afghanistan, 9 aus Iran, 3 aus Marokko, 4 aus Algerien, 23 aus Syrien, 23 aus dem Irak). Alle haben eine BÜMA, sind also registriert. 39 von 79 besitzen bereits einen Aufenthaltsgestattungsausweis, die Aktenzeichen werden notiert. Wieder totale Fassungslosigkeit: „Warum sind wir überhaupt hier?" Die Mitarbeiter der LAB vor Ort, die sonst registrieren, können nur das sagen, was auch das Computersystem hergibt: „Weiterleitung landesintern –

keine Registrierung – Anweisung aus Friedland abwarten".

Freitagvormittag melde ich die Situation dem Einrichtungsleiter, der sich aber angeblich den ganzen Tag über in Verhandlungen befindet.

Unabhängig von ihm recherchieren wir. Die offizielle Lesart lautet: „Niedersächsisches Ministerium für Inneres und Sport Referat 13 – Zentrale Flüchtlingsunterbringung: Ankündigung von jeweils bis zu 100 Flüchtlingen am 24. und 25. Februar 2016. ... Die Neubelegung erfolgt im Rahmen einer Umverteilung aus der Flüchtlingsunterkunft – Bad Fallingbostel." Der Hintergrund: In Bad Fallingbostel bestehen zwei Unterkünfte in direkter Nachbarschaft: Ost vom DRK für 3000 Flüchtlinge und West von den Johannitern ebenfalls für 3000 Flüchtlinge. 60 hauptamtliche und viele ehrenamtliche Kräfte sollen dort beschäftigt sein. Nun ist in Bad Fallingbostel ein ganz großes übergeordnetes Zentrum mit allen Behörden und Einrichtungen unter einem Dach und unter Leitung des bisherigen Johanniter-Einrichtungsleiters geplant. Der Vertrag soll heute unterzeichnet werden. Für Umbau und Neuorganisation wurden jetzt 2000 Flüchtlinge aus Bad Fallingbostel überregional verteilt. Mit Spekulationen über die Rollen der einzelnen Akteure im Innenministerium und bei den Johannitern ist Vorsicht geboten. Aber eins scheint jetzt schon festzustehen: Unser Projekt eines „Kompetenzzentrums für Freiwillige Rückkehr" ist damit wohl erledigt.

In Sarstedt ist nun folgende Gemengelage entstanden: Auf der einen Seite befinden sich zurzeit im Camp etwa 800 Flüchtlinge, die erstaufgenommen und zum großen Teil auch von der LAB Friedland registriert sind. Sie leben in drei großen Hallen, mit Bauzäunen und Tüchern unterteilt in 8er-Parzellen auf Holzpaletten mit Schaumgummimimatratzen. Diese Flüchtlinge haben alle keinen Aufenthaltsgestattungsausweis, wissen gar nicht, wie er aussieht. Seit fünf Monaten bemühen wir uns, dass das BAMF Friedland Erstinterviews für Sarstedter durchführt – vergeblich. Wenn diese Flüchtlinge auf Gemeinden verteilt werden, es ihnen dort in den neuen Unterkünften (Schulen, Hallen usw.) aber nicht gefällt und sie nach Sarstedt zurückkommen wollen, sind wir gehalten, sie massiv auf ihre Residenzpflicht hinzuweisen und an einer Rückkehr zu hindern.

Auf der anderen Seite kommen die Fallingbosteler aus relativ feudalen Unterkünften mit 4- bis 6-Bett-Zimmern. Sie haben alle eine BÜMA, sind also bereits registriert. In der BÜMA steht der Hinweis: „Der Aufenthalt ist bis zu einer anderen Entscheidung auf den Bezirk der zuständigen Aufnahmeeinrichtung beschränkt." Sie haben zu einem großen Teil außerdem Aufenthaltsgestattungsausweise vom BAMF Braunschweig, haben also eine räumliche Aufenthaltsbeschränkung, die sich auf ein bestimmtes festgelegtes Gebiet beschränkt. „Teilweise dürfen sie sich vorübergehend auch außerhalb dieses Bereichs, jedoch nur im regionalen Umfeld (bei den Flächenländern zumeist im jeweiligen Regierungsbezirk) aufhalten." Sarstedt gehört zum Landkreis Hildesheim, dieser wiederum zum Regierungsbezirk Hannover und für Sarstedt ist das BAMF Friedland zuständig. Die Fallingbosteler Flüchtlinge, zumindest die mit Aufenthaltsgestattungsausweis verstoßen also eindeutig gegen ihre vorgeschriebene Aufenthaltsbeschränkung bzw. wurde dieser Verstoß gegen Rechtsvorschriften offenbar vom Ministerium offiziell angeordnet. Dass ausgerechnet das Innenministerium hier das bestehende Recht massenhaft außer Kraft setzt, ist für mich nicht mehr nachvollziehbar.

In der NUK Sarstedt herrschen jedenfalls jetzt chaotische Zustände. Als „Integrationsberater" muss ich mir die Frage stellen, ob Integration unter solchen Umständen überhaupt gelingen kann. Und ob unser Modell-Projekt noch durchführbar und unser Ziel erreichbar ist.

Ich brauche nicht lange darüber nachzudenken. Ich sehe keine Chance mehr, diese Tätigkeit sinnvoll fortzusetzen und beende sie mit sofortiger Wirkung – diesmal endgültig. Nur die offenen und begonnenen Fälle werde ich noch zu Ende bringen.

Am Sonntagabend ruft der Einrichtungsleiter an und teilt mir mit, dass die Notunterkunft

Sarstedt abgewickelt werde. Das Modell „Sarstedt"
habe leider nicht geklappt und könne nicht mehr
verwirklicht werden. Dafür solle Garbsen, ebenfalls eine Johanniter-Einrichtung, ausgebaut und
mit einer Kapazität von 1500 Flüchtlingen längere
Zeit bestehen bleiben.

Auf meine Fragen nach dem Vorfall mit Bad
Fallingbostel versichert er mir, er hätte sich wirk-
lich darum gekümmert. Aber ein Sacharbeiter in
Hannover hätte ihm erklärt, das Innenministerium
wäre nicht zuständig – „wenden Sie sich an die
LAB!" Daraufhin habe er mit einem Herrn in
Friedland gesprochen – ausgerechnet mit jenem
Herrn, mit dem ich in den letzten Monaten ständig
in Kontakt bin. Der sei total überrascht gewesen.

Die Gemengelage der Flüchtlinge in Sarstedt
spielt keine Rolle. Die Mitarbeiter der Registratur
haben Anweisung von der LAB Friedland, die
Flüchtlinge aus Fallingbostel „einfach
umzuswitchen."

Die neue Einrichtung in Garbsen ist beschlos-
sen. Dafür wird Sarstedt aufgegeben. Die NUK
Sarstedt bleibt nur so lange erhalten, bis die Ein-
richtung in Garbsen „ertüchtigt" ist. „Das Personal
weiß Bescheid." Garbsen soll auch ein mobiles
Team vom BAMF bekommen. Heute kommen
schon 4 Johanniter aus Garbsen, die sich in
Sarstedt informieren wollen, „wie es hier so läuft".
Die NUK Sarstedt hatte wohl von vornherein keine
Chance.

Unser Einrichtungsleiter meint, Garbsen würde eine ähnliche Einrichtung wie Sarstedt. Eine geplante neue Unterkunft in Katlenburg bei Northeim würde dagegen zurzeit nicht weiterverfolgt. Zuständig und verantwortlich für die Struktur und regionale Verteilung sei ein Johanniter im Regionalverband Hannover. „Er schiebt seine Unterkünfte wie Figuren auf dem Schachbrett hin und her, wie er sie braucht. Wir sind das Bauernopfer. Unser Traum ist zerplatzt."

Unsere Bundestagsabgeordnete ruft an und berichtet: Es gebe einen Beschluss, die Notunterkunft Sarstedt „abzuwickeln", wenn keine Flüchtlinge mehr kommen.

„Zurzeit kommen keine Flüchtlinge mehr – außer denen aus Bad Fallingbostel …"

Am nächsten Tag wissen wir genauer, warum alle Flüchtlinge Bad Fallingbostel verlassen mussten. Heute wird dort mit viel Pomp, Presse usw. die neue „Einbahnstraße" eingerichtet, die Flüchtlinge in Zukunft von Anfang bis Ende des Asylverfahrens durchlaufen sollen.

Im Sarstedter Camp hängt jetzt ein großer Hinweis mit namentlicher Liste, dass die Flüchtlinge aus Bad Fallingbostel neue Papiere bekommen und ganz schnell auf die Kommunen verteilt werden sollen. Diese Aktion soll bereits nächste Woche abgeschlossen sein. Für die Fallingbosteler geht offenbar alles, was für die Sarstedter so schwierig und fast unmöglich ist. Unter den neuen

Flüchtlingen befinden sich sogar einige mit abge-
schlossenem Asylverfahren. Diese müssen sich
also jetzt selbst in Sarstedt oder Umgebung eine
Wohnung suchen – ein ziemlich aussichtsloses
Unterfangen bei ihrer offensichtlichen Hilflosig-
keit.

Der Einrichtungsleiter ist guter Dinge und bestätigt hektische Betriebsamkeit um die Fallingbosteler Flüchtlinge. Gestern bei der Einsatzleiterbe-
sprechung habe sich gezeigt, dass auch die anderen Johanniter-Einrichtungen ähnliche Probleme
hätten. Heute in der Teamleiter-Besprechung würde die Auflösung der NUK Sarstedt besprochen.
Wie es dann mit dem Personal weitergehe, könne
er noch nicht sagen.

Später erfahre ich, dass unsere „Bewerbungsun-
terlagen" gar nicht bei der zuständigen Spezialistin
im Innenministerium angekommen sind und sie
keine Ahnung davon hatte.

Beim Abschied – ich habe nun alles erledigt und
abgewickelt – erzählt der Einrichtungsleiter, er sei
inzwischen auch in der Johanniter-Einrichtung in
Bad Fallingbostel gewesen. Die Unterkunft sei wie
ein Sicherheitsgefängnis. Er würde dort als Flüchtling nicht aussteigen. Täglich kämen 60 bis 70
Flüchtlinge an. Direkt gegenüber befinde sich ein
DRK-Heim, ebenfalls mit einer Kapazität von 4000
Flüchtlingen. Es herrsche ein erbittertes Konkur-
renzverhältnis und es gebe keinerlei Kooperation.

Zuletzt frage ich ihn, wie das mit der Mail und unseren Unterlagen gelaufen sei:
„Die habe ich an den Regionalverband Hannover geschickt – mit der Bitte um Weitergabe an das Innenministerium."
Merkwürdig: Ausgerechnet jenem Johanniter, der Sarstedt als Standort schon längst abgeschrieben hat, das „Modell Sarstedt" zur Weiterempfehlung zu geben ...
„Lassen Sie uns Schluss machen und uns in guter Erinnerung behalten!"

Am 30. Juni 2016 wird die Notunterkunft Sarstedt geschlossen.

Zeitfracht Medien GmbH
Ferdinand-Jühlke-Straße 7
99095 Erfurt, Deutschland
produktsicherheit@kolibri360.de